L'Héritage

de Béhanzin

DU MÊME AUTEUR.

Souvenirs d'un échappé de Panama, 1 vol. in-18..   2. »
Criminopolis, 2ᵉ édition, 1 volume in-18..........   3.50
Forçats et Proscrits, 2ᵉ édition, 1 vol. in-18.....   3.50

PAUL MIMANDE

L'Héritage de Béhanzin

PARIS
LIBRAIRIE ACADÉMIQUE DIDIER
PERRIN ET Cⁱᵉ, LIBRAIRES-ÉDITEURS
35, QUAI DES GRANDS-AUGUSTINS, 35
1898
Tous droits réservés

AU COMTE LÉON LAVEDAN

Cher Monsieur,

Vous dédier cet ouvrage est de ma part un acte de reconnaissance, que je voudrais savoir plus digne de celui qui l'inspire; c'est aussi donner à mon livre un patronage très précieux et très envié. De telle sorte que j'augmente ma dette de gratitude vis-à-vis de vous par le fait même que je cherche, tant bien que mal, à m'en acquitter.

PAUL MIMANDE.

L'HÉRITAGE DE BÉHANZIN

I

Bien que nouvellement incorporé dans la phalange gouvernementale, bien qu'il y soit encore une toute jeune recrue, un « bleu » fraîchement émoulu, le Ministère des Colonies a été accueilli à bras ouverts par ses vétérans qui lui ont fait, dès son apparition, une place enviable au milieu d'eux. Non seulement on ne lui a pas appliqué le « *tarde venientibus ossa* », partage ordinaire des ouvriers de la dernière heure, mais on l'a traité en Benjamin, en enfant gâté, et rien n'a été négligé pour lui rendre la vie douce et souriante. On n'a point jugé que ce fût trop de mettre à sa disposition, afin qu'il y abritât ses dossiers à peine éclos et son personnel à peine réuni, l'un de nos plus jolis palais nationaux, cet exquis pavillon de Flore, séjour enchanteur d'où l'on jouit du privilège, unique peut-être, de contempler d'un côté le superbe panorama formé par les jardins des Tuileries et la grandiose avenue des Champs-Elysées avec sa porte triomphale ouverte sur l'infini, et, de l'autre côté, la Seine aux méandres capricieux, dont les ondes jaunâtres entraînent de lourds bateaux vers l'Océan aux flots d'azur.

En choisissant une telle résidence, on a voulu sans doute que, du fond de leur cabinet où ils sont chargés de régir nos possessions lointaines, ministre, directeurs et simples commis eussent sous les yeux de vastes perspectives et de nobles horizons ; on a voulu qu'il leur suffît de se mettre à la fenêtre pour donner libre essor à leurs pensées et pour que celles-ci pussent déployer leurs ailes toutes grandes, afin d'aller trouver, jusque dans l'au-delà tropical, pays des palmiers empanachés, des lianes amoureuses et des flamboyants couronnés de pourpre, les populations multicolores qui grouillent, avides de libertés politiques et de régime parlementaire.

Le visiteur ne saurait pénétrer avec indifférence dans ce somptueux édifice, dont le charmant vocable de temple mythologique et l'architecture d'un style élégant et sévère éveillent des sensations quasi-religieuses. Aussitôt qu'on a mis le pied sur l'épais tapis du grand vestibule silencieux comme un sanctuaire et haut comme une nef de cathédrale, cette impression s'accroît à la vue d'un groupe en plâtre qui émerge de la pénombre et se dresse, tout blanc, derrière une table où, depuis l'aube jusques au crépuscule, trois huissiers enchaînés restent penchés sur d'éternels feuilletons.

Ce groupe représente deux hommes, dont l'un est debout, et dont l'autre est agenouillé dans une pose faite de crainte, d'admiration et de gratitude. Le premier, jeune encore, a une physionomie énergique, des traits réguliers, une moustache en croc, l'allure crâne et dégagée ; son costume est celui d'un explorateur moderne et cossu : casque colonial, vareuse, culottes bouffantes, jambières ; le second est un nègre à chevelure suffisamment crépue, à lèvres lippues et, suivant la mode de ses congénères, fort peu habillé. L'homme casqué regarde son compagnon de plâtre avec une sollicitude compatissante et, de la main gauche, lui prend le bras comme pour l'aider à se relever, tandis que, de la droite, il esquisse un geste vague où se devine la velléité, prudemment réprimée, de lui montrer le ciel.

Cette œuvre a l'avantage de pouvoir se passer d'une glose explicative. Sous une forme accessible aux plus obtus, elle symbolise, d'une façon singulièrement vive et touchante, le rôle de la civilisation contemporaine. En dehors de sa valeur artistique, elle a celle d'un programme, d'un stimulant, d'une quotidienne leçon de choses pour les employés qui traversent l'antichambre avant de grimper leur escalier; pour les solliciteurs, qui, les jours d'audiences, la contemplent, en croquant le marmot sur les banquettes de reps grenat, pendant des heures, elle est un enseignement et semble leur dire :

— O vous tous qu'attire en ces lieux l'amour du fonctionnarisme et la passion du galon ? réfléchissez bien avant que de remettre votre placet au ministre ou à son secrétaire! et si ce n'est point un dévouement désintéressé dont vous venez ici offrir la fleur, si ce n'est point un cœur pur et débordant de fraternité dont vous désirez consacrer chaque battement à la sainte cause du Progrès, croyez-moi, partez, rentrez chez vous !

Cependant, elle n'échappe au défaut, commun à toutes les allégories, qui est d'idéaliser, jusqu'à les rendre méconnaissables, les idées dont elles se croient la synthèse ; et voilà pourquoi cette composition, d'un effet excellent sur l'âme des bureaucrates, des quémandeurs de places et des badauds chez qui elle maintient ou ranime la ferveur administrative, n'intéresse le voyageur que par ses qualités esthétiques, par son harmonie, sa grâce et son ingéniosité.

Les gens qui ont couru le monde et s'y sont renseignés ne voient en elle autre chose, sinon la matérialisation d'une de ces innombrables fictions dont l'humanité se repaît avec un insatiable appétit : tant il est vrai que les voyages, qui forment la jeunesse et éclairent l'âge mûr, ont, par contre, cette très fâcheuse conséquence d'égrener le long des routes une multitude de préjugés et d'illusions, parmi lesquels il en est beaucoup dont on regrette amèrement la perte ! Le passager qui débarque à Marseille, à Bordeaux ou au Havre, après une circumnavigation de quelques années — j'entends celui qui a des yeux pour voir et des oreilles pour écouter, — ne rapporte pas une bribe du bel enthousiasme de jadis. Il sait exactement à quoi s'en tenir sur les enivrantes langueurs des nuits de là-bas, sur la poésie de la luxuriante végétation des contrées équatoriales, sur le charme des bayadères, sur cette Asie et cette Afrique que les chromos rutilants nous ont appris à considérer comme des pays de rêve. Même en ce qui touche des sujets beaucoup plus graves, tels que la grande et passionnante question de l'Esclavage, il est devenu sceptique et c'est avec le sourire tristement railleur d'un désabusé qu'il accueille les mots révérés de civilisation et de progrès, prononcés devant lui. Aussi évite-t-il de raisonner sur ces choses, afin de ne pas scandaliser son prochain et de ne point passer pour un être sans cœur et sans élévation de l'esprit; mais s'il est mis au pied du mur, il faut bien qu'il dise ses motifs et explique son attitude.

Selon lui, la plupart de nos définitions sont radicalement fausses, les unes parce qu'elles sont basées sur des renseignements contraires à la vérité, les autres parce qu'elles procèdent du système qui consiste à conclure du particulier au général, à la façon de ce touriste britannique, tant de fois cité, qui rencontrant une femme rousse dans les rues de Calais, en tira cette conséquence que le jus de carotte était, pour les françaises, une nuance nationale. Il estime que nous avons, nous autres européens, une défectuosité fâcheuse dans la vision : c'est de juger d'après nos sentiments et nos mœurs et d'avoir la manie de prendre pour unique criterium du bien et du mal, du beau et du laid, ce qui semble, à nos tempéraments septentrionaux, être bien ou mal, beau ou laid. Ainsi, l'idéal féminin, c'est l'européenne dont la robe fait frou-frou, et l'idéal social, c'est notre société, assez peu jolie cependant. De cette conception en découle une autre : rapprocher autant que possible de l'échantillon-type, c'est-à-dire de nous-mêmes, les variétés de l'espèce qui en diffèrent, et par conséquent qui doivent être considérées comme inférieures et manquées. Mais, comme nous n'avons aucun moyen de redresser à la Phidias les nez épatés des femmes noires, de débrider les yeux des femmes jaunes et de diminuer l'amplitude callypige des femmes rouges, nous devons renoncer à corriger les erreurs physiques de la nature pour concentrer tout notre effort à corriger ses erreurs morales. On n'a trouvé que deux moyens de mener à bien cette entreprise sublime, à savoir la persuasion et la force; et afin de mieux assurer le succès, on les a employés simultanément, l'une portant l'autre. C'est pourquoi, presque toujours, la civilisation a été accompagnée de dragonnades — et de quelles dragonnades, grands dieux ! c'est à cause de cela, que, la plupart du temps, le Progrès — ou du moins ce que nous appelons ainsi — a cheminé par des routes jonchées de cadavres et trempées de sang. A aucune époque on n'a protesté, ni au nom de la charité chrétienne, ni au nom de la philosophie; nul, aujourd'hui, ne s'en indigne et nos foules modernes, aussi bien que les foules fanatiques d'autrefois, trouvent très naturel qu'on tienne aux « petits pays chauds » ce discours :

— Eh quoi, mes gaillards, vous êtes idolâtres, fétichistes, polygames, vous vous promenez nus, ou presque nus, au mépris de toute pudeur, vous mangez salement avec vos doigts au mépris de toute civilité ! voilà qui est very shocking, unschicklich, inconveniente, mal séant au premier chef! Mon devoir est de vous tirer de là et, pour ce faire, je me vois obligé de vous canonner : boum, boum ! et de vous fusiller : pan, pan !

Grâce à la persistance courageuse qu'on a mise à appliquer cette méthode de réformes, nous avons enfin la satisfaction d'avoir répandu sur la presque totalité du globe l'usage du col droit, du chapeau melon, des bretelles, en même temps que l'habitude de l'ivrognerie, du vol et de la prostitution ; nous pouvons, il est vrai, nous féliciter hautement d'avoir à peu près complètement supprimé, l'horrible anthropophagie, à laquelle se substitueront doucement nos modes perfectionnés de férocité mutuelle, mais on est en droit de regretter que nous ayions introduit avec nos bagages le germe morbide de la politique, dont beaucoup de ces pauvres gens sont atteints.

Tout cela, en vérité, laisse rêveur quiconque ne porte pas en soi la robuste et sereine conscience d'un Saint Dominique, et l'on se demande avec trouble s'il n'eut pas souvent été préférable de laisser tranquilles des peuplades qui ne tenaient pas du tout à être découvertes, ni à être explorées. On en arrive, à force de pénétrer dans certains milieux, à se demander si la soi-disant délégation divine, à laquelle nous prétendons obéir pour l'amélioration de l'humanité, ne constitue pas une mystification quelque peu blasphématoire.

Ce serait autre chose, si l'on se bornait à invoquer tout simplement les intérêts supérieurs de la science, du commerce et de l'industrie, ainsi que les exigences de la loi naturelle qui veulent que le plus fort asservisse le plus faible, que le plus intellectuel domine le plus indigent d'esprit.

Certes, ces considérations auraient pour effet de nous faire descendre d'un cran: plus rien de providentiel, ni d'auréolé, ni d'attendrissant; plus rien qui puisse faire pleurer un vieux crocodile; mais elles nous feraient rentrer dans la sincérité de notre doctrine qui est, en somme, celle des Romains, voire celle des barbares du moyen-âge, doctrine qui se résume en trois mots : « *quia nominor leo* ». Il est absurde de prendre des airs d'apôtres, parce que l'on conquiert un empire exotique, qu'on soumet les indigènes, qu'on installe chez eux comptoirs, docks, routes, chemins de fer, et qu'on expose, pour tout cela, son argent ou sa vie ; mais on peut néanmoins gagner quelques titres à la bienveillance de l'immanente Équité : ce sera en s'efforçant de rendre acceptable le joug qu'on a imposé, en s'appliquant à faire bénéficier les peuples annexés du plus grand nombre possible des avantages qu'on retire soi-même de la victoire. Tenons-nous en, modestement, à ce desideratum qu'il sera déjà fort louable d'atteindre et, laissant de côté les rengaines d'une phraséologie ampoulée, méfions-nous comme de la peste des paradoxes d'une hypocrite philanthropie.

Tels sont les propos désanchantés du voyageur, fruits amers de ses observations prises sur place et de ses études faites sur des documents authentiques. Malgré leur impertinence il faut bien reconnaître qu'ils serrent de beaucoup plus près la réalité que le symbole auquel j'ai fait allusion tout à l'heure. On aurait tort, cependant, de les prendre dans un sens rigoureusement absolu car, grâce à Dieu, si la conquête utilitaire est la règle générale dans notre siècle d'affaires à outrance, cette règle comporte d'honorables exceptions. Ai-je besoin d'ajouter que c'est la France qui les fournit, la France seul pays désormais où les idées chevaleresques, à qui tout le monde a signifié congé, trouvent encore un asile? Notre prépondérance extérieure s'est accrue considérablement en ces dernières années; eh bien, sur plusieurs points, ç'a été d'une façon tout à fait pacifique; sur d'autres, nous n'avons tiré l'épée que pour repousser des agressions ou pour défendre des amis. Dans les vastes régions de la côte occidentale d'Afrique, notamment, nous n'avons paru qu'en libérateurs, jamais en spoliateurs.

Ah comme ces faits nous mériteraient bien, dans les annales futures, une jolie petite page qui reposerait le lecteur écœuré par le récit monotone et flou des turpitudes financières, des mesquines intrigues de parti, des piètres tempêtes dans un verre d'eau bourbeuse dont abonde le dernier tiers du siècle! comme ce lecteur serait content de se retrouver, pendant un instant, en la compagnie des quelques paladins qui nous restent! Quel thème plus attachant, par exemple, que la relation des aventures toutes récentes — elles datent d'un an — de ces quatre jeunes officiers qui, renouvelant dans un sens moderne les exploits des quatre fils Aymon, entreprirent de descendre, à travers des territoires immenses et inconnus le cours du redoutable Niger! accompagnés d'une quinzaine de soldats noirs et montés sur trois méchants petits bateaux, ils partirent, un beau jour, de Tombouctou, en route pour le hasard. Ils naviguèrent pendant des mois, l'œil au guet, la sonde à la main, louvoyant au milieu des écueils, franchissant les rapides, bravant les cyclones. Mais c'était là les moindres de leurs périls. Devant chaque village où ils passaient, des multitudes de guerriers accouraient menaçants, sur les rives. Eux cependant, sans paraître remarquer cette attitude hostile, abordaient et se présentaient sans armes, étonnant ces gens sauvages, leur en imposant par une audace tranquille et par un air confiant. Quelques cadeaux offerts aux rois, aux chefs, aux notables achevaient d'apaiser les colères et faisaient rentrer dans le carquois les flèches empoisonnées. Bientôt, le charme de l'intelligence opérait, et c'est au bruit des tams-tams joyeux, des témoignages de sympathie, que nos quatre jeunes gens regagnaient leurs frêles embarcations, non sans avoir, en guise de souvenir, fait présent à leurs nouveaux amis d'un pavillon tricolore, aussitôt hissé sur la case du chef.

Pendant la durée de cette longue expédition, pas une seule cartouche ne fut brûlée, mais le résultat acquis fut tel que vingt batailles n'eussent pu l'obtenir : une magnifique voie commerciale jalonnée par nos drapeaux protecteurs.

Je le répète : si les nombreux épisodes de

ce genre qu'on pourrait citer avaient eu leur Dangeau, nous serions en meilleure posture pour entrer dans l'Histoire. Mais voilà, c'est trop loin, et les Dangeau ne quittent pas volontiers le boulevard, à moins qu'il ne s'agisse de suivre des tournées officielles. Aussi, je doute fort que la postérité, même la moins reculée, daigne assigner une place quelconque dans ses manuels pédagogiques et dans ses programmes de cours d'adultes à l'histoire de la conquête du Dahomey par les Français. Alors que les noms de Glé-Glé et de Béhanzin, voire celui du général Dodds, auront depuis longtemps disparu de la mémoire des hommes, les universitaires continueront à gaver nos enfants et les enfants de nos enfants d'un répertoire assommant d'anecdotes défraîchies sur les héros bavards et problématiques de la guerre gréco-troyenne.

Equitable ou non, absurde ou sensée, la chose est telle : c'est une affaire adjugée par le consentement universel.

Il n'en est pas moins vrai que l'écrivain

dont l'ambition raisonnable ne se haussa jamais jusqu'à prétendre buriner de la prose pour les siècles futurs et qui, sagement, se contente de parler à ses contemporains, peut faire œuvre utile en allant glaner à leur intention, sur des champs de bataille plus modestes, des renseignements et des impressions personnels ; n'a-t-il pas chance, en effet, ce chroniqueur, de rectifier ainsi l'optique sous laquelle bien des gens envisagent d'importantes questions et prononcent des jugements hâtifs, soit touchant les mérites réels de personnages méconnus ou trop admirés, soit concernant l'exacte portée de leurs efforts ?

Un tel but me paraissant digne qu'on se donne, pour l'atteindre, beaucoup de peine et qu'on n'hésite pas, le cas échéant, à griller un peu sous les rayons ardents du soleil tropical, j'ai pris, un beau jour, le chemin du Dahomey, sans trop savoir si j'en reviendrais.

Je me suis appliqué à y rechercher de mon mieux quels sont les résultats produits jusqu'à présent par notre contact avec ce coin, longtemps mystérieux, du monde noir. Je vais essayer de les indiquer.

Mais, pour que mon tableau ait le relief et la perspective convenables, il importe que je ne borne pas mes soins à peindre un premier plan. En d'autres termes, mon devoir m'oblige, si je veux tâcher d'être clair, à placer le vieil état de choses que nous avons détruit en regard du régime nouveau créé par notre intervention.

II

J'éprouverais beaucoup plus d'embarras à dresser la généalogie des souverains du Dahomey qu'un égyptologue ne rencontre de difficultés à débrouiller l'écheveau des dynasties pharaoniques, car ce dernier possède, pour le guider dans ses investigations, des traces écrites ou gravées qui me feraient totalement défaut. Je sais bien qu'il n'en comprend pas toujours le sens, mais, néanmoins, cela l'encourage dans ses travaux. Témoin un de mes amis qui s'adonne à l'innocent plaisir de gratter avec son canif les pierres vénérables des hypogées pour en déchiffrer les épitaphes. Cet excellent homme pâlit sur une inscription dont il cherche, — affaire capitale pour sa gloire, — à restituer quelques mots effacés. Deux versions s'offrent à lui, également scientifiques, entre lesquelles il demeure perplexe.

La première veut que ce soit un fragment du temple d'Horammon qu'Osortasen Ier construisit à Benhasi. Il y serait question des prouesses accomplies par ce prince dans ses guerres contre les peuples de Nubie.

L'autre tendrait à faire supposer qu'on se trouve en présence d'une sorte d'épithalame composé en souvenir du mariage d'un roi de la XIe dynastie (4000 ans av. J.-C.) avec la courtisane Rhodope [1].

C'est déjà quelque chose que de découvrir deux versions. Mais que faire lorsqu'on se

---

[1]. On sait que d'après une tradition millénaire où l'on trouve l'origine de l'aimable fable de Cendrillon, Rhodope se baignant un jour à Naucratis, le vent enleva sa pantoufle restée sur le rivage et la porta au roi d'Egypte. Celui-ci, devenu subitement amoureux du pied si petit et si charmant que cette pantoufle avait chaussé, fit rechercher la jeune fille à qui elle appartenait et l'épousa.

trouve en face de gens qui ignorent l'écriture n'ont pas de monuments [1] et sont complètement étrangers à la notion du temps et des distances? Où se procurer même des hypothèses?

Le mieux est de ne pas chercher à écrire de l'histoire ancienne comme MM. X et Z, qui ont composé de lourds volumes où ils racontent la biographie des rois dahoméens: Akaba, Agadja, Tebouessou, Mpangla (!), narrent leurs actions, rapportent leurs bons mots, facéties et propos de table. On ne peut avoir de tuyaux sérieux plus loin que Glé-Glé, père de Béhanzin, et, d'ailleurs, on n'a pas d'intérêt à remonter davantage.

.·.

Ce Glé-Glé a été une manière de Louis XIV nègre, puissant, redouté de ses voisins, entouré d'une cour nombreuse très domestiquée, tenant courbés sous sa main de fer les nobles

---

[1]. Sauf quelques temples à sacrifices humains.

et les vilains, les féticheurs et les guerriers. C'est une figure qui n'a pas eu de cadre.

Son règne de trente-et-un ans (1858-1889) marqua, pour le Dahomey, la période la plus brillante au double point de vue de la prospérité matérielle et de la prépondérance.

Intelligent, actif, plein d'orgueil, ce roi fut le premier qui entra en relations officielles avec les gouvernements européens et qui conclut avec eux des traités. N'allez pas croire, cependant, qu'il eût étudié l'économie politique dans les ouvrages de Bastiat, de Léon Say et de M. Leroy-Beaulieu et qu'il ait cherché à apprendre la diplomatie d'après Metternich et Palmerston. Son ignorance, au contraire, était profonde et il n'obéissait qu'à son instinct.

Il avait établi un système financier très simple, mais très efficace, qui consistait à adjoindre toujours un bourreau à ses collecteurs d'impôts, à combler ou à prévenir les déficits au moyen de confiscations bien choisies et à se créer un fonds de réserve avec les ventes d'esclaves.

En tant que diplomate, il avait adopté pour principes le mensonge et le mépris de la parole donnée.

Ces éléments ne sont peut-être pas de nature à constituer le prototype du monarque, tel que nous le concevons ; mais nous parlons de gens qui vivaient sur la côte occidentale d'Afrique.

Il convient de mettre à l'actif de Glé-Glé l'organisation d'un corps de troupes très original : les « femmes de guerre » *(agoledjié)*, que nous avons assez improprement appelées Amazones, en souvenir des vierges de Thémiscyre.

Glé-Glé s'était fait ce raisonnement plein de sagesse : tout souverain absolu qui a le bras un peu lourd et le coupe-coupe facile à besoin d'une garde du corps qui le préserve de la mauvaise humeur de ses sujets ; mais précisément pour ce motif, il doit la soustraire à toute influence populaire. Ceci posé, un très bon moyen serait d'élever de jeunes captifs, de se les attacher par des bienfaits et de les armer quand on serait bien sûr d'eux. Ces soldats auraient tout intérêt à veiller sur les jours de leur protecteur, puisque, en le perdant, ils perdraient la liberté. Mais quel énorme sacrifice d'argent ! Non seulement leur entretien serait fort coûteux, mais ce serait encore enlever au trafic national trois ou quatre mille adultes d'une grande valeur marchande. Or un bon monarque doit se préoccuper des intérêts du commerce. Si, de toutes les combinaisons on écarte les hommes, que reste-t-il ? les femmes. Ayant découvert cette idée, le roi la creusa, et plus il la creusait, plus elle lui apparaissait lumineuse et pratique. En formant une phalange de guerrières, au lieu d'une cohorte de guerriers, il réalisait deux avantages d'ordre supérieur : la sécurité, l'économie.

Le procédé d'exécution était peu compliqué ; il suffisait de choisir des jeunes filles esclaves dont la valeur était minime, de les affranchir et de les enrôler dans le harem, ce qui, subsidiairement, procurait un troisième avantage d'un caractère spécial. Elles donneraient la garantie d'une triple fidélité : celle de l'esclave libéré, celle du soldat, celle de l'épouse.

Les déductions de Glé-Glé se trouvèrent justes, et la nouvelle « arme » donna des résultats très satisfaisants ; tout le monde sait que pendant la campagne de 1893 nos troupes ne rencontrèrent pas d'adversaires plus redoutables, plus vaillants, plus tenaces que les bataillons féminins dont plusieurs accomplirent de vrais prodiges de bravoure.

L'expérience de la femme-soldat, tentée sous nos yeux, semble aussi concluante que celle de la femme-médecin que l'Amérique à classée depuis longtemps parmi les faits acquis.

Comment comprendre que nous en soyons encore à la théorie du bonhomme Chrysale :

> Faire aller son ménage...
> Doit être son étude et sa philosophie...

alors surtout que nous possédons un stock si considérable et si encombrant de dames et damoiselles déjà, par nous-mêmes, désignées sous le nom de vieilles gardes ? Voilà, si je ne me trompe, une très bonne plate-forme de revendications pour les ligues féministes.

Glé-Glé créa pour ses régiments d'amazones des grades variés : général (*gao*), capitaine (*aouaigan*), etc..., ainsi qu'un uniforme composé d'une culotte bouffante en toile, d'une jupe courte, d'une ceinture supportant la poudrière, et, dans les grandes cérémonies, de deux petites cornes argentées posées sur la tête en guise de casque. Une queue de cheval fut l'insigne du généralat.

Ce costume se portait constamment en temps de guerre ; mais, durant la paix, les amazones reprenaient chaque jour, après la manœuvre et la parade, les vêtements de leur sexe ; elles redevenaient femmes aussitôt qu'on avait rompu les rangs. Comme bien on pense, il avait fallu faire des règlements spéciaux, notamment prévoir des cas d'exemptions ne figurant point dans le « service intérieur », tels que celui nécessité soit par l'état pathologique, appelé intéressant, soit par l'inéluctable et heureuse conséquence d'icelui. Je n'ai pas entendu dire qu'il en fût résulté la moindre gêne. D'ailleurs, les amazones de Glé-Glé étant au nombre de 3.000, le chiffre des *indisponibles* pour les causes que je viens de dire a dû être, sur l'ensemble, tout à fait insignifiant.

On les arma de fusils à pierre importés par les Allemands et les Anglais (quelle fabrication je vous le laisse à deviner) : c'était le dernier cri, en Afrique occidentale, de la balistique dévastatrice. On les munit également de sabres recourbés, à lame courte, et de casse-tête en bois garnis de fer.

Quand le roi se fut ainsi procuré une troupe d'élite entièrement sûre, admirablement disciplinée, très bien exercée, il se sentit tout à fait garanti contre les défaillances possibles du dévouement de ses ministres et du loyalisme de ses peuples.

Cette fois, il était bien le maître absolu des hommes et le dispensateur incontesté des choses ; la vie et la liberté de ses sujets lui appartenaient au même titre que leurs champs et il ne leur concédait des unes et des autres qu'un usufruit, toujours révocable. Unique et immanent héritier de toutes les fortunes, il ne permettait au fils de succéder à son père que par faveur et tolérance ; son système était à la fameuse doctrine de la reprise légale ce que le demi-tour à gauche est au demi-tour à droite : la même chose et tout le contraire. Il régnait donc sur un peuple de prolétaires et, devant lui, toutes les distinctions sociales s'effaçaient pour ne laisser paraître qu'une égalitaire servitude ; grands seigneurs et pauvres diables rivalisaient dans l'art de se jeter à plat ventre, de baiser le sol aussi dévotement qu'un musulman de Pontarlier et de se faire couvrir la tête de poussière rouge, fertile en insectes.

Je dois dire qu'il n'abusa pas trop de ce pouvoir sans limites ; pasteur soucieux de la conservation numérique de son troupeau, il s'appliqua constamment à se procurer au delà de ses frontières le bétail humain dont il avait besoin pour ses ventes d'esclaves et pour ses hécatombes religieuses. Mais ce genre de rentrées ne s'opérant qu'au prix de quelques efforts, il dut guerroyer beaucoup ; son esprit belliqueux y trouvait, d'ailleurs, autant de satisfaction que son esprit mercantile. Tous ses voisins furent rançonnés sans pitié, entre autres, comme je le dirai plus loin, le roi de Porto-Novo [1].

.··.

Les sacrifices humains, auxquels je viens de faire allusion, tenaient dans les mœurs dahoméennes autant de place que le *panem et circenses* chez les Romains, ou les courses de taureaux chez les tumultueux Tarasconais. Nous en avons fait passer la mode en invoquant la raison du plus fort qui s'est trouvée, pour cette fois, la raison des plus miséricordieux.

Cette institution était également chère aux rois à qui elle procurait une merveilleuse occasion de faire acte d'autorité et aux féticheurs qui pouvaient ainsi raviver sans cesse le fanatisme des foules. Le sang qui ruisselait sous

[1]. On peut évaluer à huit mille environ le nombre de prisonniers, provenant du seul royaume de Porto-Novo, qu'il vendit à des négriers et à des commissionnaires en esclaves.

le sabre du bourreau servait à cimenter l'édifice religieux et l'édifice monarchique confondus d'ailleurs en un seul, puisque le roi était en même temps le chef spirituel, — si on peut appliquer une telle expression à de telles choses, — et le chef temporel. On avait donné, pour ce motif, aux fêtes qui servaient de prétexte à ces affreuses boucheries, un caractère à la fois fétichiste et politique : il s'agissait toujours, en apparence, soit d'honorer et de consoler les mânes encore inassouvies de souverains, de princes et de princesses, soit de célébrer dignement des anniversaires plus ou moins glorieux.

On offrait aux vagues divinités du panthéisme nègre deux sortes de victimes de qualités fort différentes, mais dont l'émulation leur était, paraît-il, également plaisante.

La première catégorie était fournie par les condamnés à mort pour crimes et délits, et il fallait entendre par là les assassins, les voleurs en même temps que les gens coupables de lèse-majesté, comme, par exemple, d'avoir mis des souliers au mépris de la prérogative royale ou de s'être fait porter en hamac, ou encore d'avoir possédé une ombrelle, car, là-bas, il n'y avait qu'une seule peine, la mort, applicable aux contraventions de simple police et aux attentats contre la chose publique : ce système simplifiait la procédure.

La seconde catégorie était composée de gens enlevés dans les razzias nocturnes où excellait Glé-Glé et de prisonniers de guerre. Mais on avait soin de ne choisir pour « faire fétiche » que le déchet, car un homme vigoureux valait de 400 à 600 francs, suivant les cours, sur le marché, et les cérémonies fussent devenues trop dispendieuses si l'on eût offert en holocauste des sujets d'une telle valeur : les mânes des ancêtres eussent eux-mêmes blâmé ce gaspillage. Souffreteux, poitrinaires et boîteux, étaient voués sans rémission à la mort.

Il y a encore au Dahomey trois ou quatre Français qui habitaient le pays sous le règne de Glé-Glé et qui ont assisté à ces hideuses réjouissances.

Je me hâte de dire que si ces messieurs, qui étaient agents des factoreries, se sont dérangés pour aller voir ces horreurs, ce n'a pas été par curiosité, ni pour leur plaisir, ni pour honorer de leur présence d'aussi révoltantes atrocités.

Ils se rendaient à Abomey, ces jours-là, parce qu'ils ne pouvaient pas faire autrement. Décliner l'invitation royale eût été compromettre les intérêts de leurs comptoirs et s'exposer eux-mêmes aux plus graves périls.

Et voici, à ce propos, une chose presque incroyable : pour dispenser les commerçants européens de ces épouvantables corvées, il a fallu qu'un article spécial fût inséré dans le traité conclu entre la France et le Dahomey.

Je me suis fait raconter par mes compatriotes ce qu'ils avaient vu, ce qu'ils avaient éprouvé, et je crois devoir résumer leur récit sans pouvoir malheureusement reproduire l'accent, le geste, l'impression d'horreur encore vivace qui les rendaient saisissants.

III

Les fêtes avaient lieu dans le palais de Sambodji, résidence ordinaire du roi.

Ce palais, aujourd'hui presque ruiné, était une agglomération de pavillons en terre de barre [1]. Il occupait un immense quadrilatère, entouré de hautes et solides murailles, d'une épaisseur prodigieuse, crénelées sans art et incapables de résister au moindre obus, mais pouvant défier les assauts de n'importe quelle armée indigène.

Tout un monde vivait là, groupé suivant les fonctions : féticheurs, bourreaux, conseillers,

---

1. Sorte de pisé fait avec une terre de qualité spéciale qu'on pétrit et qui devient très dure.

chefs de guerre, amazones, femmes du roi avec leurs enfants, esclaves et bouffons, c'est-à-dire plusieurs milliers de personnes nourries aux frais du monarque. De vastes cours séparaient les divers quartiers de cette espèce de cité. La plus grande, où l'on pénétrait par la porte principale et au fond de laquelle s'élevait la demeure personnelle du roi, était réservée aux réceptions, aux tams-tams, aux évolutions militaires des amazones, enfin à la célébration des Coutumes, ou fêtes commémoratives dont nous parlons.

Quelques jours, avant la date fixée, on promenait par la ville, dûment ligotés et au bruit du gongon (sorte de tambour), qu'accompagnaient des hurlements sauvages, les condamnés à mort et les captifs destinés à figurer dans la cérémonie; le peuple pouvait ainsi se rendre compte de la performance de chacun de ces malheureux au point de vue de son attitude probable au moment suprême ; l'impatience était surexcitée, et l'on se pourléchait les babines à la pensée du spectacle dont le gracieux souverain allait gratifier ses amés et féaux sujets, spectacle auquel la présence des blancs mandés tout exprès de Ouidah donnerait un ragoût très flatteur pour la vanité nègre. On se réjouissait par avance de contempler leurs visages bouleversés et leurs gestes effarés.

Enfin, le grand jour est arrivé. Dès le matin, la capitale s'emplit d'une foule bruyante ; les riches ont revêtu, pour la circonstance, des pagnes neufs ; les autres ont lavé leurs vieilles frusques : tous, l'air heureux et le cœur léger, se dirigent vers la grande porte du palais, et vont se masser en rangs serrés, à droite et à gauche, laissant vide un large espace. Des amazones, qui font office de sergents de ville et de municipaux, jalonnent les fronts de bandière et empêchent que l'on dépasse l'alignement indiqué.

Devant la case royale, une sorte d'estrade, maladroitement ornée d'étoffes aux couleurs voyantes, attend la cour et les invités blancs. Au bas de cette estrade, les innombrables épouses du maître : elles sont en grande toilette et ont sorti tout leur écrin, verroteries, « gris-gris » amulettes de formes bizarres ; leurs poignets et leurs chevilles sont surchargés de bracelets.

Le groupe des féticheurs et des féticheuses mérite une mention spéciale. Les hommes portent [1] une espèce de chape sur laquelle sont grossièrement brodés les attributs, parfois peu décents, des fétiches dont ils sont les serviteurs ; sous ces chapes, qu'ils ôtent et remettent de temps en temps, ils ont des jupes courtes et empesées, avec des « tutus », comme les danseuses ; leur coiffure est un haut panache de plumes multicolores. Cet ensemble est d'un effet très extraordinaire et très comique. Quant aux féticheuses, elles sont décolletées... jusqu'aux reins ; leurs épaules, leur poitrine et leurs bras sont couverts de dessins pratiqués sur la peau au moyen de brûlures et d'entailles [2] ;

---

1. Ce costume est resté le même.
2. Ces tatouages extrêmement douloureux sont pratiqués vers l'âge de trois ou quatre ans ; dès ce moment les enfants sont voués au fétiche.

plusieurs ont des jupes en plumes très laides et assez sales.

Glé-Glé paraît. C'est un homme de taille élevée, bien fait et de tournure assez noble ; les traits du visage seraient réguliers, n'était le classique épatement du nez; le regard est dur et impénétrable ; le teint rappelle plutôt la nuance du bronze florentin que celle du cirage « au fidèle cocher ».

Sa Majesté est escortée d'une section de ses gardes, de son bourreau [1], de ses larrys [2], de ses porte-parasol, porte-crachoir et allumeur de cigares, de son bouffon, de son héraut et de la jeune favorite chargée d'essuyer, avec un linge blanc, la salive qui, d'aventure s'égarerait sur les lèvres royales, un peu lippues.

Les privilégiés de la tribune officielle, nos compatriotes, qui voudraient bien être ailleurs, viennent ensuite et, tandis que le héraut, en robe moyenâgeuse, s'époumonne à brailler les

---

[1]. Le bourreau (*migan*) est le plus grand personnage de la cour.

[2]. Princes ou nobles attachés à la personne du roi.

noms, surnoms, titres et qualités ainsi que les exploits de son auguste maître, les spectateurs poussent à la mode du pays, des clameurs assourdissantes mêlées de cris perçants.

Cependant le roi prend place sur un haut siège en bois dont la forme rappelle ceux qu'affectionnait Dagobert.

A ce moment, la réunion présente un aspect vraiment pittoresque. La bigarrure des couleurs qui chatoient sous le soleil et tranchent vivement sur toutes ces peaux noires, les plumes brillantes qui s'agitent sur les têtes des féticheurs, les parasols rouges des chefs, les verroteries étincelantes des femmes ; et puis ces dix milles hommes qui frémissent comme des fauves à l'approche du plaisir cruel...; dominant le tout, ce roi muet, impassible, regardant avec un air de suprême dédain son vil troupeau d'esclaves et attendant, pour faire couper deux cents têtes, d'avoir fini son cigare... Le tableau ne manque pas de saveur.

Mais voici que l'on apporte un grand bassin de cuivre destiné à recevoir le sang des victimes. Sabre en main, le bourreau est à son poste.

Glé-Glé jette son bout de cigare dans le crachoir d'or, on lui essuie les lèvres, il baille et fait un geste imperceptible.

Le signal est donné.

∴

On commence par des hors-d'œuvre, par une sorte de lever de rideau, en égorgeant une quantité d'animaux : presque toute la faune du Dahomey est représentée, depuis le poulet inoffensif jusqu'à la hyène. A chaque coup de sabre, les féticheurs prononcent avec volubilité, et en faisant de grands gestes, des incantations qui ont pour but de conjurer la colère des fétiches et de les supplier d'avoir pour agréable le sacrifice qui leur est offert par le grand, le puissant, l'incomparable Glé-Glé.

Cette bagatelle de la porte en forme d'hécatombe est répugnante comme le serait une séance d'abattoir, mais elle n'a rien de dramatique et les spectateurs européens n'en éprouvent que des nausées. Quand le lot d'animaux domestiques et sauvages est épuisé, on suspend la cérémonie, afin de permettre l'enlèvement des cadavres. D'un air narquois, Sa Majesté offre du champagne à ses hôtes blancs, tandis que des femmes dansent un pas de caractère au bruit des tams-tams et miment avec expression une scène naïvement naturaliste.

L'entracte est court. Chacun reprend sa place, fait silence, tourne la tête vers la partie ouest des bâtiments et tend le cou pour mieux voir.

Le roi se lève.

Aussitôt, on voit s'avancer une longue théorie de gens qui, deux par deux, portent à la manière indigène, c'est-à-dire sur leur têtes, des hommes étendus et liés sur des planches. Ils déposent leurs fardeaux devant l'estrade, détachent les victimes expiatoires et les font ranger face au roi. Tremblant de tous leurs membres, les infortunés poussent des gémissements, demandent grâce et jettent sur les blancs des regards désespérés.

— C'était, m'ont assuré ceux dont je tiens ces détails, le moment le plus affreux pour nous. Le cœur soulevé d'indignation et gonflé de pitié, l'âme outrée de colère, il fallait contenir à tout prix l'explosion de nos sentiments, car nous étions l'objet de l'attention générale ; on épiait nos physionomies et nous voulions, coûte que coûte, éviter de servir de risée à ces brutes. Si nous ne pouvions pas nous empêcher de pâlir, nous nous forcions, du moins, à sourire, et c'était dur.. Mais en notre qualité d'étrangers, nous avions un privilège : celui de demander au roi de grâcier, en notre honneur, quelques-uns de ces malheureux. Souvent, il refusait tout net, d'un ton rogue ; d'autres fois, — et surtout lorsqu'il avait besoin de nous pour une affaire commerciale à traiter, pour une vente ou un achat à conclure, — il ordonnait qu'une dizaine de prisonniers fussent relâchés. Ces jours-là, nous sortions de l'horrible fête un peu moins malades ; à nos cauchemars se mêlait quelque chose comme de la joie.

La requête des blancs est accueillie ou rejetée ; les préliminaires sont terminés. Glé-Glé prend alors la parole et s'adressant aux victimes :

« Vous allez, leur dit-il, rejoindre mes pères dans le pays des trépassés. Saluez-les de ma part, dites-leur que je conserve leur mémoire, que j'observe leurs traditions et que c'est afin de les honorer que je vous ai envoyés auprès d'eux. Ajoutez que mon royaume est heureux et prospère, que ma puissance sur cette terre est sans borne et que mes ennemis tremblent devant moi. Maintenant que vous avez entendu mes paroles, partez! »

Ce discours singulier équivaut à l'arrêt de mort sans appel ni sursis. Le bon peuple fidèle y répond par une ovation frénétique. Quant aux infortunés prisonniers, convaincus que leurs fétiches les ont décidément abandonnés, ils demeurent cois et semblent résignés à remplir dans l'autre monde la mission de confiance dont vient de les gratifier leur impitoyable maître.

Le *migan* (bourreau), — personnage dont la situation équivaut à peu près à celle de président du conseil des ministres, — s'apprête à remplir les devoirs de sa charge en réglant le défilé des victimes vers le bassin de cuivre.

Chacun des condamnés s'avance, se met à genoux, baisse la tête et offre sa nuque découverte. Presque toujours la décapitation a lieu d'un seul coup appliqué au bon endroit ; l'exercice continuel de leur art a donné aux employés du migan une réelle maîtrise ; ils ont énormément de prestige et tiennent à ne point le compromettre.

Une odeur fade s'exhale de ce lieu de carnage et se répand dans l'atmosphère ; les noirs l'aspirent avec volupté et, peu à peu, elle les enivre. Envahis par le délire sacré, les féticheurs commencent à grimacer d'horrible façon ; ils agitent leurs sonnettes de cuivre et poussent des cris rauques. Un tapage infernal se déchaîne, l'ardeur des massacreurs redouble ; couverts de sang, l'écume aux lèvres, ils frappent avec rage et font voler les têtes.

Malheur, en ce moment, aux Européens qui, par un geste, par un mot, eussent essayé de protester contre la bestiale cruauté de ces sauvages affolés !

Toutes les fois que le bassin de cuivre déborde de sang, on va répandre son contenu sur le sol de la case à fétiches consacrée aux ancêtres, puis on recommence à le remplir.

La fête se termine par une large distribution de tafia et par un tam-tam monstre qui dure tant que les gongoniers peuvent faire résonner leurs instruments, tant que les danseurs ont la force de gambader et de chanter, en mineur et d'une voix gutturale, des mélopées traînantes aux intonations bizarres.

Lorsqu'on ne peut plus ni sauter ni crier, on boit jusqu'à l'inconscience totale, et les ivrognes s'endorment à côté des morts décapités, immobiles comme eux.

Telles étaient, il y a quelques années, les grandes fêtes publiques, appelées Coutumes, où l'on déployait tout le luxe possible et auxquelles ont conviait le ban et l'arrière-ban du royaume.

*
**

Mais ce n'étaient pas là les seules occasions où s'accomplissaient des sacrifices humains.

Des massacres de prisonniers, et surtout des exécutions politiques, avaient lieu dans la plus stricte intimité. Autant l'Européen aurait couru de dangers s'il avait voulu se soustraire au spectacle populaire, autant il lui aurait été difficile, pour ne pas dire impossible, d'assister aux divertissements dont je parle.

Si l'on interroge sur ce sujet, comme je l'ai fait, quelqu'un des anciens ministres ou serviteurs de Glé-Glé et de Béhanzin, il s'efforce de détourner la conversation et on n'en tire de craintifs renseignements qu'en usant des moyens comminatoires, — tant sa terreur est restée vivace !

Les tueries à huis-clos n'avaient point pour théâtre le palais de Sambodji, mais un établissement *ad hoc*, moitié temple, moitié maison de campagne et lieu de plaisance, situé à 12 kilomètres environ d'Abomey, dans la province d'Agony.

Cette résidence, qui existe encore en parfait état et que j'ai visitée plusieurs fois, a été construite d'après un plan analogue à Sambodji et, comme lui, se compose de plusieurs cases ou pavillons indépendants, séparés par de grandes cours et protégés par un mur d'enceinte.

Elle s'en distingue, toutefois, par sa dimension qui est beaucoup moins grande, et par l'affectation de ses divers corps de logis, qui est très différente. Un ou deux pavillons seulement étaient attribués au roi et à son entourage, tandis que les autres étaient disposés de fort étrange façon : que l'on se figure une succession de cabines étroites juxtaposées comme les stalles d'une écurie, et donnant sur un corridor commun; le sol, dallé avec soin, est légèrement incliné vers le fond où se trouve un orifice d'écoulement; les murs, blanchis au kaolin, sont parsemés d'arabesques et d'ornements de couleur brune, qui veulent être des dessins allégoriques, voire même des portraits. Chacune des stalles était consacrée soit à un roi, soit à un prince, soit à une princesse. C'est là qu'on égorgeait en leur honneur, et surtout pour le plaisir du monarque. Les motifs de la déclivité du terrain vers le canal d'écoulement s'expliquent d'eux-mêmes.

La teinte brunâtre des fresques s'obtenait par un mélange de sang humain... et de bouse de vaches !

On ne saurait classer ce mode de peinture sous aucune rubrique connue, et je ne pense pas qu'une aussi monstrueuse association de choses ait pu germer ailleurs que dans des cervelles dahoméennes.

Souvent Glé-Glé, et après lui Béhanzin, désireux d'échapper pendant quelques jours au tracas des affaires, venaient se délasser honnêtement à Zagnanado, — c'était le nom de leur « tata, » — n'amenant avec eux qu'un petit nombre de confidents et seulement quelques amazones pour le service de la garde et pour celui du cœur.

Étendu sur sa natte, lampant à petites gorgées son tafia, heureux de vivre, content des autres et de lui-même, le monarque se donnait la jouissance de faire couper quelques têtes avant déjeuner. Ces têtes n'étaient point celles de condamnés ou de prisonniers de guerre, mais d'ennemis personnels, de gens dénoncés pour avoir tenu des propos malsonnants, critiqué les actes du roi ou fait preuve d'une sympathie suspecte envers les blancs. Quel plaisir raffiné! quel apéritif rare et précieux!

Des jeunes filles étaient, par galanterie, immolées dans les stalles consacrées aux princesses.

Un profond mystère entourait ces meurtres. On savait bien que le roi et ses proches assouvissaient ainsi leurs rancunes et leurs vengeances particulières, on constatait des disparitions, mais jamais on ne connut le chiffre des victimes; les témoins, qui étaient en même temps acteurs, avaient de bonnes raisons pour rester bouche close.

IV

On peut dire que la police du roi Glé-Glé mérita le qualificatif louangeur de merveilleuse ; elle avait l'œil et l'oreille partout, agissait sans bruit, exécutait ponctuellement les ordres reçus et ne coûtait pas un sou. Célérité, discrétion, gratuité, telle était sa devise et oncque police au monde n'en conçut de plus admirable. Invisible et constamment présente, elle guettait les démarches, surveillait les propos et possédait à un haut degré le génie de l'espionnage. Ses rapports verbaux, et cependant toujours secrets, parvenaient à leur adresse avec une rapidité surprenante et comparable seulement à la manière dont on s'y prenait pour lui faire parvenir les ordres du maître. Ses arrestations étaient des petits chefs-d'œuvre : sans avoir le temps de faire ouf ! le client était saisi, ligoté et « chicoté » (frappé à coup de chicote, baguette longue et flexible), nous dirions : passé à tabac.

Très souvent, nos agents de factoreries eurent à souffrir de ses vexations et se virent obligés de payer des amendes, sous peine de confiscation de leurs marchandises. Ils devaient fermer leurs magasins et leurs bureaux à des heures déterminées, se soumettre à un contrôle tout-à-fait inquisitorial.

Néanmoins, Glé-Glé affectait, très hypocritement du reste, de mettre une certaine coquetterie à vivre en bonne intelligence avec les blancs. Il ne se rendait pas compte de ce qu'était une puissance européenne, mais, vaguement, il entrevoyait notre supériorité intellectuelle et jugeait, en comparant les quelques objets importés d'Europe avec les produits manufacturés dans le pays, que notre prééminence commerciale et industrielle était incontestable.

Dès qu'il apprenait qu'un navire de guerre français, anglais ou portugais, avait mouillé en rade de Ouidah, vite il dépêchait un messager au « Chacha » ou vice-roi, — personnage dont je parlerai tout à l'heure, — avec ordre de se rendre à bord, de saluer de sa part le commandant et les officiers et de les inviter à venir le voir. D'ordinaire, ces messieurs, poussés par la curiosité, acceptaient. Le roi ordonnait qu'on leur rendît tout le long de la route de grands honneurs, les recevait avec pompe, leur prodiguait des paroles aimables et leur faisait servir un grand repas préparé à la mode des blancs, mais servi à la mode des noirs : le champagne coulait à flots et des bouteilles innombrables se pressaient en bataillons serrés devant chaque convive. Aux présents que lui offraient les états-majors, il répliquait en donnant des volailles, des moutons et des bœufs.

Ces bonnes manières lui permirent de vivre

pendant plusieurs années en parfait accord avec ses collègues blancs qui régnaient sur les régions lointaines.

Notre amitié lui semblait particulièrement désirable, car il avait trouvé chez nos négociants plus de cordialité qu'ailleurs dans la façon de traiter les affaires et une plus grande franchise dans le caractère, avantages qu'il appréciait d'autant mieux qu'il était lui-même d'une fausseté remarquable.

C'est pourquoi il signa, en 1861, un premier traité de commerce avec la France, — quand je dis qu'il signa, je me sers d'une métaphore. Quelques années plus tard, il lui céda le port de Cotonou et, en 1878, il ratifia solennellement lesdites conventions.

Toutes restèrent, d'ailleurs, à l'état de lettre morte, et quand on lui réclama l'exécution de ses promesses, il sembla tomber des nues et se désavoua lui-même avec la plus aimable désinvolture. Ce fut là l'origine de nos conflits qui aboutirent à la guerre et à la conquête.

Pendant qu'il traitait avec nous, Glé-Glé avait failli avoir maille à partir avec le Anglais, mais il s'en tira fort bien comme on va voir.

Un des princes royaux, — je crois que c'était le futur Béhanzin, — avait vu un jour Ouidah, chez un commerçant britannique, une pièce d'étoffe qui lui plut. Quelques semaines plus tard, revenant dans la même localité, il commanda qu'on allât lui quérir ce coupon.

— Je ne l'ai plus, répondit le gérant de la factorerie, je l'ai vendu et c'était mon unique échantillon.

Fureur du prince qui prend cette réponse pour une défaite et une insolence; perquisition dans la factorerie et arrestation de l'agent auquel on inflige le plus grand outrage que puisse recevoir un blanc, celui de le déchausser.

Tous les Européens protestèrent énergiquement et une lettre fut envoyée au chef de la station navale anglaise de l'Atlantique.

Assez contrarié de cette affaire, Glé-Glé ordonna la mise en liberté du commerçant. Mais la lettre était arrivée à son adresse et aussitôt une frégate avait mis le cap sur Ouidah. Dès son arrivée en rade, le commodore fit connaître qu'il exigeait, sous peine de blocus, une indemnité de deux mille livres sterling. Glé-Glé se fit expliquer ce que les blancs entendaient par blocus et, lorsqu'il l'eut compris, il déclara que non-seulement il ne donnerait pas un centime, mais encore qu'il opposerait au blocus maritime le blocus terrestre ; et sans autre forme de procès, il interdit toute communication entre les factoreries situées sur la plage et l'intérieur du pays. Les transactions furent arrêtées et les négociants ne tardèrent pas à entrevoir les approches de la famine. Ils firent une démarche collective auprès du commodore pour le supplier de lever le blocus et de s'en retourner. Ils n'obtinrent que cette réponse :

— J'ai reçu l'ordre de ne pas m'en retourner avant d'avoir touché deux mille livres sterling, et je resterai ici jusqu'à ce qu'on me les ait comptées.

— Mais, commodore, dans quelques jours nous n'aurons plus de vivres ; nous allons mourir de faim.

— Soyez persuadé, gentlemen, que je regretterai très sincèrement, oh oui, très sincèrement ce triste accident. Malheureusement, mes instructions sont formelles et ma volonté est immuable.

Les représentants des maisons de commerce n'avaient plus qu'un seul moyen de se tirer de leur position critique : c'était de se cotiser et de payer de leur poche les deux mille livres. Ils s'y résignèrent et s'en furent porter la forte somme au commodore.

— *All right!* dit ce dernier.

Immédiatement, il leva l'ancre et gagna la haute mer.

Le lendemain, par ordre du roi, les chemins redevinrent libres.

*
* *

Cette affaire, dans laquelle il avait positivement *roulé* les blancs, augmenta beaucoup l'orgueil, déjà si grand, de Glé-Glé et lui donna une haute opinion des capacités diplomatiques de celui auquel il avait confié le soin de la conduire. Cet agent n'était autre que le « chacha » de Ouidah. On appelait ainsi un vice-roi dont la fonction héréditaire était, depuis plusieurs générations, exercée par la famille brésilienne des da Souza [1].

Julian da Souza, chacha en exercice, devint dès lors *persona grata* auprès de Sa Majesté. On le consultait sur toutes choses : pour un oui ou pour un non, un récadaire (messager royal) venait l'inviter à se rendre à la cour. Comme c'était un garçon fort intelligent, possédant quelque instruction et très supérieur à tous ceux qui l'entouraient, il ne manqua pas d'exploiter la situation et de la monnayer. Malheureusement, il ne sut pas se borner et l'appétit lui vint, par trop vite, en mangeant. En-

---

[1]. Le Portugal avait reconnu officiellement au *chacha* le grade de lieutenant-colonel honoraire dans son armée.

couragé par ses premiers succès envers les Anglais, il voulut se lancer dans la politique transcendante et s'aboucha avec le gouverneur de San Tomé, auquel il déclara que le roi du Dahomey implorait le protectorat portugais.

— Voilà ce que j'appelle une bonne idée, répliqua le gouverneur, je vais préparer un petit traité.

Il envoya un officier porteur d'un projet de convention qui contenait des clauses très formelles. Le chacha, conduisit lui-même ce plénipotentiaire à Abomey, le présenta au roi, et, comme il était le seul à pouvoir interpréter la langue portugaise, il se chargea de traduire l'instrument diplomatique, mais il le fit d'une façon si peu littérale, que le mot « protectorat » fut remplacé par celui d' « amitié réciproque ». Glé-Glé trouva ce papier fort bien rédigé, exprimant de fort bonnes intentions, et, sans hésiter, il y apposa sa croix.

Quelque temps après, le pavillon portugais flottait sur tous les points habités de la côte.

Le roi ne vit rien d'anormal dans cette manifestation qu'il prit pour une politesse : les maisons de commerce n'avaient-elles pas l'habitude d'arborer les dimanches et les jours de fêtes le pavillon de leur société ?

Mais la thèse changea du tout au tout quand une garnison portugaise vint s'installer dans le fort dont la cession figurait au nombre des clauses onéreuses du traité et lorsque des agents portugais firent mine de s'occuper de l'administration du pays. A la stupéfaction, succéda bientôt, chez Glé-Glé, une explosion de colère... noire. Il demanda des explications : on lui répondit qu'on ne faisait qu'exécuter le traité ratifié par lui et organiser le protectorat qu'il avait lui-même sollicité.

Le roi comprit qu'il avait été trahi : une nouvelle interprétation du texte portugais lui donna la preuve du mensonge de l'effronté chacha. Mais, en bon nègre, il dissimula, afin de ne point donner à sa future victime la pensée de s'échapper ; il n'adressa aucune question au chacha et feignit d'accepter les faits accomplis.

Au bout de quelques jours, il manda celui-ci à Abomey suivant la forme ordinaire par un message très amical. Julian da Souza partit en grande pompe, se croyant plus en faveur que jamais, et persuadé qu'il amènerait facilement son maître à apprécier les beautés du protectorat.

Il ne revint pas d'Abomey. Ses biens furent confisqués et la toiture de sa maison fut arrachée, signe de ruine et de disgrâce définitives. La dignité de chacha fut supprimée.

Glé-Glé, en tirant une pareille vengeance de son ancien vice-roi, ne dénonçait pas seulement le traité de protectorat; en outre il attentait à la personne d'un lieutenant-colonel de l'armée portugaise, car ainsi que je l'ai dit, ce titre avait été régulièrement conféré au chacha.

Mais le Portugal avait précisément alors des difficultés avec le cabinet français, à propos de ce même protectorat, puisqu'un traité antérieur nous avait cédé le port de Cotonou. Ce gouvernement pensa qu'une guerre, déclarée dans ces conjonctures, pourrait l'entraîner dans des complications fâcheuses, et que l'amour-propre national ne saurait se sentir atteint par les faits et gestes d'un nègre. Comme il avait hissé ses pavillons, il les amena ; il ordonna à ses agents de plier bagage, et les protecteurs abandonnèrent leur protégé sans récrimination de part ni d'autre.

Pour la seconde fois, Glé-Glé se moquait des blancs.

Ce succès toutefois fut une victoire à la Pyrrhus, car il devait causer la ruine prochaine de son empire et de sa maison, en l'engageant à jouer avec nous un jeu analogue à celui qui avait si bien réussi avec d'autres.

V

Les Nagots, gens pacifiques, — ou, pour mieux dire, un peu couards, — formaient une petite nation constituée en royaume et ne demandaient au ciel d'autre faveur que celle de vivres tranquilles en travaillant le moins possible. Ils possédaient une capitale importante qu'ils appelaient Adjassa : c'est probablement pour ce motif que, dans leurs relations et sur leurs cartes, les voyageurs du dix-septième siècle la baptisèrent Offra, et que nous-mêmes, après en avoir fait le chef-lieu d'une de nos colonies, lui avons donné le nom de Porto-Novo, bien qu'elle n'ait point de port et soit très vieille.

Depuis 1840, leurs rois, que le Dahomey maintenait dans un étroit et dur vasselage, cherchaient à secouer le joug; mais ils étaient trop faibles et trop peu guerriers pour engager la lutte contre les Fons; d'autre part, s'adresser à leurs voisins, c'était atteindre le résultat peu brillant de changer de maître en cas de succès ou d'être, en cas d'échec, réduits en servitude. Ils comprirent que l'alliance avec une nation européenne, — ou plutôt le protectorat d'un pays de race blanche, — était le seul moyen de parvenir, sinon à une indépendance complète, du moins à l'affranchissement d'une domination odieuse. Comme l'humanité se divise en deux catégories, celle des tondeurs et celle des tondus, et que les Nagots appartenaient à la seconde, ils ne pouvaient raisonnablement souhaiter une combinaison plus avantageuse que celle qui aurait pour effet d'empêcher les bandes de Dahoméens de franchir leurs frontières, de surprendre nuitamment des villages endormis, d'emmener hommes, femmes et enfants pour les vendre comme esclaves ou pour les immoler dans les fêtes publiques.

Restait à choisir le protecteur. On balança longtemps entre la France et l'Angleterre ; en dernière analyse, ce fut à celle-ci qu'on s'adressa. Mais à peine quelques habits rouges avaient-ils paru que le roi partisan du protectorat britannique mourut et fut remplacé par un anglophobe décidé dont le premier acte fut de solliciter l'intervention française.

Les habits rouges, froissés dans leur amour-propre, bombardèrent un peu la ville et entrèrent par la brèche chez leurs capricieux protégés. Ces derniers eurent ainsi l'occasion de s'instruire en comparant les façons différentes dont les peuples sauvages et les nations civilisées comprennent l'exercice de la suzeraineté. Néanmoins, l'occupation anglaise ne dura pas longtemps, car elle avait affaire à une de ces antipathies contre lesquelles on ne peut lutter que par l'emploi de la force : ses obus avaient désagréablement impresssionné les bons Nagots.

La situation de ceux-ci n'était pas des plus enviables, car ils s'étaient, sans autre profit que de recevoir quelques coups de canon, compromis d'une façon irréparable aux yeux des Dahoméens. Glé-Glé trouvait cela fort amusant et jouait avec son vassal comme le chat avec la souris, attendant le moment de le dévorer.

Sur ces entrefaites, Toffa, le roi actuel, qui comptait parmi les amis les plus dévoués de la France, succéda à son père. Il renouvela auprès de notre gouvernement les instances les plus vives. Aucune réponse ne lui fut faite. On est en droit de penser cependant que si, dès ce moment (1875), nous avions fait occuper le royaume de Porto-Novo par des forces suffisantes, nous eussions peut-être évité les campagnes de 1890 et de 1893 ou, tout au moins nous nous serions trouvés dans de biens meilleures conditions pour entreprendre les hostilités.

Le coche de l'occasion passa et, comme cela, bien des fois, nous est arrivé, nous oubliâmes, de le héler, songeant à autre chose. Nous laissâmes donc le pauvre Toffa entre l'enclume et le marteau, entre la peur très justifiée d'avoir la tête tranchée et la nécessité de passer sous les fourches caudines des Anglais.

Malgré tout, il resta fidèle à ses sympathies françaises et sa constance fut plus forte que les dédains de la nation aimée :

> Belle Philis on désespère
> Alors qu'on espère toujours.

On doit lui savoir gré d'une pareille fermeté dans ses sentiments et lui accorder un bon point. Combien de princes très civilisés eussent, en de pareilles circonstances, délibérément tourné casaque !

Heureusement, et pour la plus grande satisfaction de la morale, il fut récompensé de sa conduite.

*
**

En 1882, notre gouvernement, touché d'une affection si lointaine et si sincère, lui répondit enfin qu'il accueillait ses vœux et lui octroyait son protectorat : les ennemis de Toffa seraient nos ennemis, et quiconque attenterait à son indépendance nous offenserait. Un résident vint s'établir à Porto-Novo avec quelques soldats, mais si peu nombreux qu'ils ne constituaient pas une garnison ; à peine pouvaient-ils former une escorte.

La conséquence de cette mesure était l'occupation de Cotonou, situé sur la plage, entre la mer et la lagune de l'autre côté de laquelle Porto-Novo est blotti sous les palmiers. Cotonou est le corollaire indispensable de Porto-Novo, qui, sans lui, ne peut communiquer avec l'extérieur que par la colonie anglaise de Lagos. On se disposa donc à y installer un embryon d'administration, et tout d'abord un poste de douane. Nous agissions dans cette circonstance en vertu du traité de 1868 dont j'ai parlé tout à l'heure, aux termes duquel Glé-Glé nous abandonnait en toute propriété le port de Cotonou avec une certaine étendue de territoire, ainsi que la perception des droits de douanes

— chose d'ailleurs inutile à stipuler, puisque les droits de douanes font implicitement partie de la propriété du territoire. Cette convention, lue et relue devant le roi du Dahomey, avait été solennellement ratifiée par lui ; il savait donc fort bien à quoi il s'était engagé et ne pouvait pas, comme il le fit avec des apparences de vraisemblance pour le traité portugais, exciper que sa bonne foi avait été surprise.

Nos droits étaient incontestables et fort nettement établis : si nous n'en avions pas fait usage immédiatement, c'est tout bonnement parce que cela ne nous avait pas convenu ; notre inaction ne pouvait, en aucun cas, amener leur prescription.

Or quand Glé-Glé apprit que, non seulement nous avions accordé notre protectorat au roi de Porto-Novo, son vassal, mais encore que nous avions l'intention d'occuper Cotonou, il jeta les hauts cris et déclara très formellement qu'il refusait de reconnaître l'acte de cession consenti par lui.

Il eût été très opportun de débarquer tout

de suite quelques troupes et d'en finir avec cet impudent coquin. Mais l'expansion coloniale n'était pas encore à la mode ; l'heure n'avait pas sonné où tous les petits rentiers qui ne savent rien des colonies, pas même leur position géographique, pas même leur nom, réclameraient un empire d'outre-mer. De son côté, la commission du budget n'aurait pas consenti à risquer un soldat ni un écu pour faire la guerre à un nègre répondant au nom ridicule de Glé-Glé.

C'est pourquoi on temporisa, on palabra, et l'on permit à ce dernier de faire venir des armes et des munitions, afin d'être en mesure de nous expulser purement et simplement.

L'insolence du roi grandissait en raison de notre longanimité, et la situation devenait de jour en jour plus tendue. Elle finit par prendre un caractère si menaçant pour nos nationaux qu'on se décida (novembre 1889) à charger M. Bayol, lieutenant-gouverneur du Sénégal, de se transporter à Abomey, de protester énergiquement contre les vexations intolérables subies par les commerçants français et contre l'envahissement du royaume de Porto-Novo, notre protégé, ce qui constituait une insulte à la France. M. Bayol apportait de riches présents, destinés à faciliter l'absorption de la coupe amère qu'il devait faire avaler.

Ce fonctionnaire échoua complètement dans sa mission conciliatrice. Après lui avoir fait attendre longtemps la faveur d'être admis en sa présence, le roi l'obligea à assister à des sacrifices humains, sous prétexte de lui faire honneur, accepta ses présents et refusa de donner aucune des satisfactions réclamées. Cette fois, l'insulte était directe et flagrante.

On s'émut beaucoup du rapport envoyé par M. Bayol, et personne ne contesta plus l'opportunité d'occuper un nouveau morceau de cette inhospitalière côte occidentale d'Afrique ; le gouvernement sonnait « au drapeau » et tout le monde accourut : les adversaires de l'expansion coloniale ne furent pas les derniers à lever, dans le Parlement, les deux mains en faveur d'une expédition, tant il est vrai que nos dissensions politiques sont, en somme, superficielles, et ont, Dieu merci, laissé intact le coin de notre cœur où se loge le patriotisme. Je crois même que plus nous allons et plus ces querelles tendent à devenir de simples jeux d'esprit qui ne passionnent sérieusement que de rares professionnels : à mesure que les partis deviennent moins aveugles, ils deviennent aussi moins farouches. Ne devons-nous pas, en pareille matière, bénir le scepticisme, puisqu'il engendre la modération et la sagesse, sinon dans les paroles, du moins dans les actes ?

On pensa qu'une simple démonstration militaire serait suffisante pour mettre à la raison toute cette négraille, et, suivant la méthode funeste des « petits paquets », on ne demanda aux Chambres que le maigre subside nécessaire à l'envoi d'un maigre contingent.

Trois cent cinquante hommes, treize officiers, quatre pièces de campagne, telles furent les forces qu'on embarqua sous le commandement d'un lieutenant-colonel.

∴

Pendant que l'on prenait en France ces décisions, le Dahomey avait changé de maître. Glé-Glé était mort en décembre et son fils, le prince Condo, lui avait succédé sous le nom de Gbedassé (dont nous avons fait Béhanzin). Le nouveau roi était un homme d'une quarantaine d'années, très au courant de toutes les affaires, très intelligent, plein d'énergie, et nous détestait cordialement.

Quand notre résident sut que des troupes françaises arrivaient, il songea aussitôt à inviter tous les Européens habitant Ouidah et les autres ports de la côte à se réfugier immédiatement à Cotonou, afin de pouvoir prendre passage sur des paquebots ou des bâtiments de guerre; mais, soit que les ordres eussent été mal transmis ou mal compris, les blancs de Ouidah, qui étaient alors au nombre de douze, dont un missionnaire (le P. Dorgère), au lieu de prendre le chemin de Cotonou, se fortifièrent dans une factorerie, — ayant attaché créance au bruit, faussement répandu, de l'approche d'une compagnie de débarquement.

Les assauts qu'ils soutinrent et à la suite desquels, accablés par le nombre, ils furent faits prisonniers, les péripéties dramatiques des premiers jours de leur captivité, alors que, enchaînés les uns aux autres, on les conduisait à Abomey, tout cela a été raconté avec force détails et imprimé sous les formats les plus variés. Je n'en rééditerai pas la narration.

On sait que lorsque les blancs furent amenés en présence de Béhanzin, ce dernier fit immédiatement briser leurs carcans et leurs chaînes, les traita avec égards et les laissa libres de circuler dans l'enceinte du palais. Ce procédé, qui nous paraît tout simple, était, de la part d'un roi nègre, un acte de générosité fort extraordinaire. Il y ajouta un raffinement de délicatesse réellement caractéristique en prescrivant que les captifs seraient nourris à la mode européenne ; à cet effet, un ancien boy nagot pris dans une razzia fut mis à leur disposition. J'ai eu cet homme chez moi et j'ai pu me rendre compte de ses talents culinaires. Le coup de force accompli par Béhanzin était une déclaration de guerre à laquelle le roi Toffa, devenu plus audacieux depuis qu'il se sentait soutenu, répliqua en s'emparant de plusieurs notables dahoméens qui furent entre ses mains d'utiles otages.

Voilà quelle était la situation lorsque nos trois cent cinquante hommes mirent pied à terre à Cotonou. Ils y furent reçus par une grêle de balles et durent s'établir de vive force dans le village, tandis que le *Sané* leur prêtait le concours de son artillerie. La résistance allait être beaucoup plus grande qu'on ne l'avait supposé, et bien qu'un renfort de cent cinquante tirailleurs fût venu porter à cinq cents hommes le chiffre de notre contingent, on ne pouvait rien faire de sérieux avec si peu de monde, pas même donner à Béhanzin la salutaire notion de notre puissance. Cependant, nous lui démontrâmes péremptoirement la supériorité de notre tactique et de notre armement en infligeant un sanglant échec à plusieurs milliers de ses guerriers qui essayèrent de nous déloger de Cotonou, et en complétant ce succès par des reconnaissances offensives très vigoureusement conduites sur le territoire de Porto-Novo envahi, comme je l'ai dit.

Mais le climat dévorant du pays faisait des ravages parmi nos jeunes soldats, la saison de l'hivernage, — la pire entre les mauvaises, — approchait, et l'on ne pouvait continuer les hostilités dans de semblables conditions.

La paix fut conclue (3 octobre 1890), paix boiteuse et instable, ayant pour base le renouvellement des anciens traités relatifs à la cession de Cotonou et la mise en liberté des Européens faits prisonniers à Ouidah. En outre, le roi du Dahomey reconnaissait officiellement notre protectorat sur Porto-Novo et prenait l'engagement de « s'abstenir de toute incursion sur les territoires faisant partie de ce royaume ». De son côté, la France promettait « d'exercer son action près du roi de Porto-Novo pour qu'aucune cause légitime de plainte ne soit donnée, à l'avenir, au roi du Dahomey ». Cet instrument diplomatique qu'on a bien le droit, — maintenant qu'il appartient à un ordre de faits disparus, — de qualifier d'étonnant et d'invraisemblable, se terminait par l'article suivant : « A titre de compensation (!!) pour l'occupation de Cotonou, il sera versé annuellement par la France une somme qui ne pourra, en aucun cas, dépasser vingt mille francs (or ou argent). »

Ainsi, nous traitions avec Béhanzin de puissance à puissance ; nous lui achetions à beaux deniers comptants la bande de sable et les quelques huttes que son père nous avait abandonnées gratuitement : au lieu d'ordonner et menacer, nous marivaudions en style de protocole. Etait-ce bien le langage qui convenait à une grande nation civilisée s'adressant à des nègres turbulents ?

On n'avait pas encore commencé à discuter la ratification de ce traité, que Béhanzin l'avait déjà violé sans la moindre vergogne.

Il occupa les environs de Cotonou et envahit de nouveau le royaume de Porto-Novo, promettant à notre protégé Toffa de lui faire passer un de ces quarts d'heure à côté desquels celui de Rabelais n'est que de la Saint-Jean. L'infortuné Toffa, tremblant comme la feuille à l'approche de l'orage, quitta son palais et se réfugia en terre anglaise. Notre résident était dans une situation très critique et pouvait être enlevé d'un jour à l'autre.

Le gouvernement français n'hésita plus, cette fois, à entreprendre une expédition définitive ayant pour but avoué non plus seulement d'assurer l'exécution d'un traité, mais de briser la puissance dahoméenne, de s'emparer de la personne du roi et de soumettre le pays. Il fallut faire un véritable effort pour atteindre ce but, puisque les hostilités, commencées le 28 mai 1892, ne prirent fin qu'un an et demi plus tard.

VI

Bien des gens ont pensé, *in petto*, que nous avions exagéré, en cette circonstance, le succès de nos armes et que les témoignages de joie manifestés par le pays tout entier à l'issue de la campagne du général Dodds étaient disproportionnés avec leur objet.

— Ce n'est pas du patriotisme, disaient les grincheux, c'est du chauvinisme ; battre des nègres, la belle affaire ! Y a-t-il là, vraiment, de quoi se montrer si fiers et faut-il tresser des couronnes de lauriers pour ceindre des têtes qui ont été plus exposées aux insolations qu'aux blessures ?

Eh bien, les sceptiques, — une fois n'est pas

coutume, — avaient tort et l'enthousiasme populaire était parfaitement justifié.

En dépit de leur couleur et de l'état primitif de leur organisation sociale, les Dahoméens se montrèrent de redoutables adversaires et pendant de longs mois ils opposèrent une résistance opiniâtre à nos colonnes.

Béhanzin fit preuve d'une valeur personnelle peu commune. S'il eût vécu sous d'autres cieux et si la Providence lui eût fait don d'une enveloppe de nuance plus claire, nul doute qu'il ne fût devenu un homme très remarquable. Instinct guerrier, audace, courage dans le combat, constance dans la défaite, ruse, finesse, il possédait toutes les qualités natives qui, développées, réunies, fortifiées par l'étude, par l'instruction et par l'expérience, font les grands capitaines. Que de fois il devina nos plans et les déjoua ! Que de fois il faillit surprendre nos bivouacs et nos campements ! Et surtout à la fin, pendant sa fuite, alors que de toutes parts nos détachements le traquaient, alors que son entourage, ses frères même le trahissaient, avec quelle habileté il sut évoluer dans un petit espace, dérober ses traces, donner le change, éviter les embûches semées sous ses pas ! avec quelle énergie, quelle endurance, il supporta fatigues, privations, angoisses morales !

Certes, il fut cruel au temps de la puissance et sa domination fut impitoyable ; je crois même qu'il tient le record parmi ceux de nos contemporains qui ont fait couper le plus de têtes. Mais ce sont là vices inhérents à sa race et à la sauvagerie des mœurs africaines. Pour juger équitablement ces gens si différents de nous et qui ont la naïve férocité des fauves, leurs camarades, il faut avoir vécu parmi eux et s'être, de très près, rendu compte des éléments qui ont servi à pétrir leur *moi*, ce moi étrange, où la rouerie de Célimène s'allie étroitement à la futilité d'un enfant. Leur optique nous déroute d'abord entièrement ; cependant, on finit en se baissant beaucoup, par comprendre sous quel angle visuel ils aperçoivent la vie.

Béhanzin a laissé, parmi ses anciens sujets,

le souvenir d'un maître très dur, et dont ils sont enchantés d'être débarrassés ; mais aucun n'a mis en doute la légitimité de ses exactions ; il n'y a pas un Dahoméen qui n'ouvrirait des yeux aussi grands que sa bouche si on lui disait qu'un chef n'a pas le droit de lui administrer des coups de chicote et que le roi n'a pas le droit de disposer de son existence. Cet état d'âme très particulier étant constaté, on ne peut plus regarder Béhanzin comme un monstre, mais comme un homme ayant des préjugés très fâcheux et une éducation philosophique tout à fait nulle. Certains élans ont laissé entrevoir chez lui une noblesse de sentiments à laquelle il n'a peut-être manqué, pour fleurir, que la lumière de la civilisation. Qu'on me permette d'en citer un exemple, dont je garantis l'authenticité.

⁂

C'était après la bataille dite de Dogba. Nos colonnes, poussant devant elles l'armée dahoméenne, qui se repliait lentement en combattant, étaient parvenues à un village appelé Sagon. Ce village est situé sur le bord de l'Ouémé, qui formait la limite naturelle du royaume d'Abomey. De l'autre côté de ce magnifique fleuve s'étend la riche plaine d'Agony, que traverse et semble défendre à son tour le Zou, cours d'eau large et profond, aux rives escarpées.

La prudence conseillait de ne franchir ces passages difficiles qu'après avoir pris toutes les précautions usitées en pareille occurence : feintes ayant pour but de tromper l'adversaire sur les opérations stratégiques qu'on se propose d'effectuer, reconnaissances destinées à se renseigner soi-même sur les forces dont il dispose, sur ses mouvements, sur ses intentions probables, et aussi, — lorsqu'on guerroie en pays inconnu, — à faire des relevés topographiques.

On envoya donc plusieurs détachements chargés, les uns, d'opérer des démonstrations de nature à inquiéter l'ennemi, les autres, de fouiller la région comprise entre l'Ouémé et le

Zou, et de rapporter au quartier général toutes les indications qu'il serait possible de recueillir sans trop s'aventurer et sans engager de combat. On confiait ces missions délicates à des hommes déterminés et intelligents, d'un courage et d'un sang-froid éprouvés.

Parmi ceux qu'on employait le plus souvent ainsi pour le service d'éclaireur, se trouvait un caporal nommé Duval, tout jeune, de petite taille, hardi comme d'Artagnan, joyeux compagnon, vrai type du troupier français. On l'aimait beaucoup et c'était à qui ferait partie de ses expéditions.

Commandé pour aller, avec une escouade sous ses ordres, en reconnaissance sur les bords du Zou dans le double but de rechercher un gué et de surveiller les mouvements de l'armée de Béhanzin, Duval, suivi de ses camarades, quitta le campement par une nuit noire et longea pendant quelques kilomètres, au nord, jusqu'aux Rapides, le fleuve Ouémé. On entra alors dans l'eau jusqu'aux épaules, et, louvoyant au milieu des roches, on arriva sur l'autre rive sans avoir fait le moindre bruit capable d'éveiller l'attention. Nos hommes, guidés par un indigène Mahis, s'enfoncèrent dans la forêt de palmiers, cheminant à la file indienne dans les sentiers qui se croisent en un réseau inextricable pour tout autre que pour des noirs. Ils marchaient silencieusement. D'ailleurs, rien ne décelait le voisinage d'une troupe ennemie, et c'est à peine si la brise leur apportait quelque bruit confus de tams-tams lointains, quelques vagues rumeurs, quelques aboiements de chiens et bêlements de brebis. Dans la forêt, aucun craquement suspect parmi les branches, aucun frôlemement anormal parmi les brindilles et le feuillage : la nature eût semblé muette, si des roussotes au vol lourd ne se fussent agitées sur le sommet des fromagers dont elles se disputaient les fruits en croassant aigrement.

On s'arrêtait, de temps en temps, sur un signe fait par le guide au caporal qui venait derrière lui ; on écoutait de toutes ses oreilles, on cherchait de tous ses yeux à sonder les ténèbres, puis on repartait. Tout à coup, la forêt s'éclaira comme un décor de féerie, ainsi qu'il arrive dans tous les pays tropicaux, où le soleil se lève avec la rapidité de quelqu'un qui, ne pouvant plus dormir et désireux de respirer la fraîcheur matinale, saute à bas du lit et ouvre hâtivement la fenêtre.

Cette forêt était exquise à voir en ce moment avec ses bouquets de jeunes palmiers d'un vert tendre, ses gigantesques baobabs, ses magnifiques fromagers, ses roniers en éventails, ses flambloyants couverts de fleurs rouges.

Nos hommes étaient arrivés à une clairière qui s'étendait autour d'un banian de taille géante dont les extrémités des branches, grosses comme des troncs de chêne, touchaient la terre et y avaient pris racine, en sorte qu'elles formaient des espèces d'arcs de triomphes.

Ce lieu était si charmant, l'ombre y était si fraîche, que la petite troupe fit halte et s'assit entre deux racines dont le relief au-dessus du sol mesurait plus d'un mètre. Chacun posa à ses pieds sa musette, son bidon, sa gourde, et se mit en devoir de déjeuner en se reposant. Mais voilà que, dès les premières bouchées, on entend : floc ! un coup sec dans le tronc du banian, puis, aussitôt, une détonation.

Duval se dresse.

— Aux armes ! commande-t-il à voix basse.

Tout le monde était déjà debout, fusils armés, doigt sur la détente.

Trois, quatre, dix balles, viennent s'enfoncer dans le banian. Duval cherche des yeux le guide, dans l'intention de rebrousser chemin; mais le guide a disparu.

Il ne faut pas songer à prendre au hasard un sentier quelconque en marchant à la file : ce serait s'offrir comme cible. Duval se décida donc à rester sous la protection du banian et de ses racines et à y attendre l'assaut des Dahoméens. Si ces derniers ne sont pas trop nombreux, il a des chances de les mettre en fuite par quelques feux de salve et ensuite de retrouver, au moyen de la boussole, la direction du campement.

Cependant, les balles sifflent, de plus en plus nombreuses, tirées par un ennemi encore invisible ; personne n'est atteint. Nous ne ripostons pas. Quelques minutes s'écoulent.

Soudain, de tous les taillis, de tous les bouquets d'arbres, jaillit une nuée de Dahoméens et d'amazones, qui se précipitent en hurlant sur l'escouade.

—Feu ! ordonne Duval.

Un feu de salve couche par terre autant d'assaillants que nous avons de fusils.

La horde dahoméenne recule un peu, puis elle réplique. Bien que les noirs tirent très mal, deux de nos hommes sont touchés et tombent A cette vue, l'ennemi pousse des cris de joie ; il s'est rendu compte de la faiblesse numérique du détachement, mais la supériorité de nos armes à tir rapide sur les vieux fusils à pierre permet à celui-ci de résister.

Du reste, les Français sont décidés à vendre chèrement leur vie. Ils tirent froidement et chaque coup porte. Le sol est bientôt jonché de de morts et de blessés dahoméens; les cris de douleur et les gémissements se mêlent au bruit de la fusillade et aux chants de guerre.

L'escouade de Duval, entourée d'un cercle de feu, est obligée de faire face de tous les côtés; le banian l'aide à prolonger sa défense, mais ne peut plus la garantir efficacement. Et puis, voilà que les munitions s'épuisent en même temps que diminue le nombre des assiégés. Chaque fois qu'un camarade tombe :

— Vive la France! crient les autres.

C'est l'oraison funèbre de celui qui est mort par ceux qui vont mourir.

Pauvres et nobles enfants!

Combien cela dura-t-il, je ne sais.

Enfin, Duval est seul, adossé contre l'arbre, Tous ses compagnons gisent à ses pieds. Lui, par un hasard inouï, n'est pas blessé. Couvert de sang, du sang de ses amis, l'uniforme déchiré, tête nue, farouche, il vient de tirer sa dernière balle. Avant d'être percé de coups, il veut tuer encore un ennemi et saisit son fusil par le canon pour s'en faire une massue.

— Vive la France ! crie-t-il d'une voix rauque au moment où les Dahoméens s'élancent.

Sa crosse s'abat sur une tête, qu'elle fend, mais, au même instant, il est saisi, renversé, étroitement lié.

On l'emporte comme un paquet. A peine a-t-il le temps de jeter un dernier regard sur les cadavres de ses camarades, et ce regard veut dire :

— Combien je vous envie !. Vous avez péri glorieusement en combattant ; la mort vous a frappés dans l'ardeur de la lutte, dans le crépitement enivrant de la fusillade ; vous n'avez pas pu, au milieu des nuages de poussière et de fumée, distinguer son hideux et cruel visage. Tandis que moi, c'est le martyre qui m'attend, le lent supplice parmi les rires atroces, les injures et les huées d'une foule sauvage. Je vais servir de jouet et de trophée à ces misérables.

Certes, il était résolu, le brave petit caporal

Duval, à montrer ce que vaut le courage d'un soldat de France, mais il ne pouvait songer sans horreur à ce que seraient bientôt ses pauvres membres torturés, sa pauvre chair palpitante dont on promènerait les lambeaux sanglants au bout des piques. Toute sa jeunesse, tumultueusement, se révoltait au-dedans de lui contre cette destinée épouvantable.

Il avait vingt-deux ans, une mère aux cheveux blancs, une sœur aux cheveux dorés comme des épis, et puis la fraîche Camille, qu'on appelait Cerisette, qui l'attendait.

Ces pensées, ces évocations de chères images et de doux souvenirs qui allaient disparaître à jamais, l'absorbèrent tellement que toute notion du temps écoulé et de la distance parcourue était abolie en lui. Vaguement, il percevait que les hommes qui l'emportaient couraient très vite. Il ne reprit l'entière possession de son individualité que lorsqu'on s'arrêta et qu'il sentit qu'on le débarrassait de ses liens.

Il se trouvait dans un campement indigène qui paraissait fort étendu.

Devant le seuil d'une hutte de branchages, en face de lui, un homme était assis sur un tronc d'arbre.

Ce personnage était vêtu d'un pagne blanc, il était coiffé du bonnet des chefs dahoméens ; de nombreuses amulettes pendaient sur sa poitrine, et ses poignets étaient chargés de bracelets de fer ; il avait le teint mat, des traits assez réguliers, de beaux yeux ; il fumait une pipe emmanchée à un long tuyau d'ambre. Autour de lui, des centaines d'hommes et de femmes étaient agenouillés.

Duval comprit immédiatement que c'était Béhanzin.

Quelqu'un se détacha du groupe qui l'avait amené, — le chef de la bande, probablement, — rampa jusqu'aux pieds du roi et, après s'être couvert la tête de poussière, commença un assez long discours, ponctué de gestes, — son rapport, sans doute.

Le roi l'écouta sans donner aucun signe d'approbation ni d'improbation. Quand l'homme eut fini et se fut retiré, il considéra pendant un moment le prisonnier, d'un regard singulier, presque mélancolique.

Les bras croisés, la tête droite, Duval attendait.

Faisant enfin signe d'approcher à son interprète, Béhanzin prit la parole, mais ce fut d'une voix presque douce, assez harmonieuse.

— Ainsi, tu es l'un de ceux que le roi des blancs a envoyés sur ses navires pour me combattre ?

— Oui.

— Vous voulez essayer de détruire ma puissance et vous emparer du royaume de mes pères ?

— Tel est, en effet, notre dessein.

— Et vous avez la folie de croire que vous réussirez ?

— Demande cela à mon général.

— C'est juste, tu ne connais pas les pensées des chefs. Mais toi-même, d'après ce qu'on me rapporte, tu commandais une troupe de guerriers qui a tué un grand nombre des miens. Où sont tes compagnons ?

— Ils sont morts.

Béhanzin se leva et posant sa main sur l'épaule du caporal :

— Ces gens étaient des braves et toi, aussi, tu es un brave. J'aime les guerriers courageux. En combattant, tu as fait ton devoir. Je ne prendrai ni ta tête ni ta liberté. Un de mes serviteurs va te conduire jusqu'aux bords du fleuve et tu pourras aller retrouver tes chefs. Adieu.

Il donna quelques ordres d'un ton bref et rentra dans son gourbis.

Aussitôt un récadaire vient prendre Duval par la main : devant eux, la foule des amazones et des guerriers s'ouvrit en silence.

VII

J'ai montré Béhanzin capable, en certains cas, de générosité. Il me paraît intéressant d'indiquer, par un autre exemple, un côté très différent, mais beaucoup moins exceptionnel, de son caractère : l'audace.

L'épisode auquel je fais allusion eut lieu dans les derniers mois de la campagne. Les choses prenaient fort mauvaise tournure pour le roi du Dahomey ; nous gagnions tous les jours du terrain ; après avoir passé le Ouémé, nous avions franchi le Zou et nous étions en pleine marche sur la capitale. Mais nous avancions très lentement à cause de l'extrême difficulté qu'on éprouve à faire mouvoir une troupe européenne dans un pays dépourvu de ressources alimentaires, — j'entends de celles dont nos estomacs de civilisés ne peuvent se passer, — où il n'y a pas de chemins et où les moyens de locomotion manquent absolument. Vivres, munitions, bagages, tout doit être porté, je ne dirai pas à dos d'homme, mais à tête d'homme. Le poids maximum d'une charge normale étant de 25 kilos, on est obligé de fractionner à l'infini le nombre des colis. Il est facile d'imaginer l'embarras qui en résulte : une colonne a besoin de trois ou quatre mille porteurs, car on doit prévoir des relais. Or, ce n'est pas une mince besogne que de mettre tout ce monde en marche et ensuite de surveiller l'immense monôme qui s'allonge en zigzag, suivant les méandres des sentiers au milieu d'une plaine couverte de palmiers, où l'horizon n'a pas plus de cent mètres d'étendue. Et si ce n'était que cela ! mais il y a encore les « marigots » et les rivières à traverser. A chaque instant, ce sont des arrêts, des à coups ; on est fort heureux quand le monôme de porteurs ne se divise pas en plusieurs tronçons qui s'égarent ou qui s'éloignent les uns des autres. Puis, que de peine, à l'étape, quand il faut retrouver et rassembler plusieurs caisses dont les contenus forment les différentes parties d'un tout !

Ces difficultés, déjà énormes par elles-mêmes, étaient singulièrement compliquées par les attaques incessantes de Béhanzin qui, ayant renoncé à livrer des combats, harcelait nos convois. Les alertes succédaient aux alertes et le premier coup de feu amenait toujours une panique folle chez les porteurs qui jetaient leurs charges à terre et se sauvaient à toutes jambes ; tandis qu'on accourait pour chasser la guerilla, souvent celle-ci était déjà loin et mettait le désordre sur un autre point.

Le ravitaillement était donc un des gros soucis du commandement ; on peut dire que les hommes qui ont été chargés de l'assurer et qui y sont parvenus, ont le droit de revendiquer hautement leur part de mérite dans le succès de la campagne. Entre autres opérations laborieuses et délicates, ils avaient à recruter les porteurs. Dans un pays où les razzias étaient le moyen ordinaire de se procurer les gens dont on avait besoin, on éprouvait beaucoup de difficultés à faire comprendre le système des réquisitions, à persuader aux hommes appelés à servir momentanément qu'ils n'étaient point esclaves et seraient rendus à leurs occupations — ou à leur paresse — dès que leur concours ne serait plus indispensable. Il y avait d'autant plus d'importance à faire pénétrer dans les esprits cette idée nouvelle, que c'était le seul moyen d'empêcher les recrues de déserter en masse. Pour cela, on devait tenir la main à ce que chacun fût régulièrement inscrit sur un registre à souche et régulièrement payé [1]; l'organisation de cette comptabilité et son fonctionnement ont fait passer bien des nuits blanches aux secrétaires de l'administrateur civil qui remplissait le rôle d'intendant général.

1. Le prix de la journée était de 1 franc en moyenne.

Une fois les porteurs réunis, les charges divisées et distribuées, la surveillance incombait à l'autorité militaire. Cette surveillance consistait non-seulement à empêcher les hommes de perdre leurs distances, de s'arrêter, de baguenauder, mais encore de les rassurer en leur montrant qu'on était toujours à leur portée, prêts à les secourir. Les officiers parcouraient constamment les flancs du monôme, semblables en cela — révérence parler — aux bons chiens de berger qui, sans cesse, vont et viennent autour du troupeau de moutons, leur inspirant en même temps la crainte d'être réprimandés par un coup de dent et la confiance d'être défendus contre le loup.

* *
*

Or, un jour, tandis que l'on cheminait paisiblement, cahin-caha, le long de sentiers à peine tracés et que la pluie diluvienne de la nuit précédente avait rendus glissants, un lieutenant, suivi de son ordonnance, tirailleur sénégalais, passait dans son hamac, examinant l'attitude des porteurs, faisant serrer la colonne, prodiguant de la voix, et souvent du geste, les encouragements, conseils ou mercuriales qu'il jugeait nécessaires. La section qu'il inspectait était celle des bagages de l'état-major. Il aperçut sa cantine sur la tête d'un homme assez remarquable par sa taille et sa vigueur.

— Voilà un beau gaillard, pensa-t-il.

Et, se tournant vers son ordonnance qui lui servait d'interprète :

— Moussa, demande-lui son nom et où on l'a engagé.

Moussa échangea quelques mots avec l'indigène.

— Mon lieutenant, lui dit s'appeler Kodjo; lui être recruté Agony.

— En ce cas, c'est un Dahoméen ; il doit savoir quelque chose de Béhanzin. Interroge-le et promets-lui une pièce de cinq francs ou deux litres de tafia, à son choix, s'il me donne une indication utile.

Après un nouveau colloque, Moussa revint.

— Mon lieutenant, lui dit pas savoir où il est, Béhanzin, mais Béhanzin avoir beaucoup, beaucoup de soldats et être parti au Nord.

— C'est tout ce que tu as su en tirer?

— Oui, mon lieutenant.

— Tu es un imbécile, Moussa.

— Oui, mon lieutenant.

— Quand nous serons arrivés à l'étape, tu m'amèneras ce Kodjo afin que je l'interroge moi-même; il n'a pas l'air bête et doit en savoir plus long qu'il ne lui a plu de t'en dire.

— Oui, mon lieutenant.

L'officier et son tirailleur continuèrent leur marche jusqu'à la tête de la colonne.

Un peu avant la nuit, on s'arrêta pour camper. Les bagages furent rassemblés et un adjudant fit l'appel nominatif des porteurs; chacun répondit par le ah! nasillard qui sert au Dahomey dans toutes les circonstances et qui change de sens suivant l'intonation qu'on lui donne.

L'appel terminé, les ordonnances s'occupèrent de rechercher les cantines respectives de leurs officiers. Moussa trouva la sienne aux pieds d'un porteur qui ne ressemblait nullement à Kodjo.

— Où est Kodjo?
— Kodjo? C'est moi.
— Comment, c'est toi? C'est à toi que j'ai parlé pendant la route?
— Oui.
— Tu mens et la preuve c'est que tu ne saurais pas répéter ce que je t'ai demandé.

L'indigène, sans hésiter, reproduisit textuellement la conversation que le Sénégalais avait eue avec Kodjo.

Moussa resta stupéfait, très perplexe. Il appela en témoignage plusieurs porteurs. Tous déclarèrent que l'homme présent était bien le Kodjo auquel il s'était adressé durant la marche.

Du coup, Moussa conclut qu'il y avait là un sortilège, un tour joué par quelque fétiche facétieux. Il ordonna au porteur de remettre la

cantine sur sa tête et s'en fut avec lui trouv[er]
le lieutenant auquel il raconta gravement qu[e]
lui amenait Kodjo, mais que, par un phénomè[ne]
mystérieux, ce dernier avait changé de visa[ge]
et de tournure.

Très méfiant en matière thaumaturgique, [le]
lieutenant flaira une trahison et entra dans u[ne]
grande colère. Il menaça le soi-disant Kod[jo]
de le faire fusiller et tous les autres porteu[rs]
de les faire chicoter, mais le premier, sans [se]
troubler, persista à dire :

— Kodjo, c'est moi.

Et les autres persistèrent à répéter :

— Kodjo, c'est lui.

Les promesses de récompenses n'eurent p[as]
plus d'effet que les objurgations.

De plus en plus intrigué, le lieutenant rés[o]-
lut d'en avoir le cœur net et de faire une e[n]-
quête très sérieuse. Elle n'aboutit qu'au bo[ut]
de trois jours et le résultat ne lui en parut p[as]
moins extraordinaire que le fait même q[ui]
l'avait même motivée, car elle lui apprit qu[e]
le porteur auquel il s'était adressé pendant

marche n'était autre que Béhanzin en personne, venu pour se rendre compte par ses propres yeux de l'importance de nos forces et du but de nos opérations militaires.

L'action d'un chef d'armée qui sait que sa tête a été mise à prix et qui pénètre, seul, déguisé dans les rangs de ses ennemis afin de surprendre leurs combinaisons, n'est pas, je crois, d'un courage vulgaire et l'on nous a fait admirer au collège des traits qui ne valaient pas celui-là. N'y a-t-il pas aussi quelque chose de merveilleux et qui en accentue encore le relief dans cette unanime complicité des autres indigènes qui, *tous avaient reconnu le roi* et dont aucun n'a décelé sa présence, fût-ce par un tressaillement, fût-ce par une hésitation dans une réponse ? Et notez, je vous prie, que beaucoup de ces gens-là avaient certainement eu à souffrir de ses exactions, de ses violences et de sa cruauté. Le cœur humain est vraiment une boîte à surprises intarissables.

*
* *

L'opiniâtreté du roi du Dahomey, son intelligence instinctive, la furia de ses amazones, ne pouvaient prévaloir contre les connaissances stratégiques de nos officiers, contre la solidité, la discipline et l'énergie de nos troupes, non plus que contre nos fusils à répétition et nos canons.

Cette guerre commencée par des combats sanglants se termina par une chasse : l'infortuné Béhanzin fut bientôt réduit à la condition d'un animal sauvage que l'on traque de toutes parts, dont on suit les traces avec acharnement et que les rabatteurs entourent d'un cercle de plus en plus étroit. Il accomplit des prodiges d'astuce et de courage pour dépister ceux qui le poursuivaient sans merci.

Il fut livré par un de ses frères, ancien général en chef de son armée, qui n'hésita pas entre l'offre qu'on lui fit de le proclamer roi et la trahison.

Dans la nuit du 25 au 26 janvier 1894, sur ses indications, M. le capitaine Privé s'empara de la personne de Béhanzin dans le village d'Acachapca.

Le Dahomey était définitivement *cassé*, suivant l'expression indigène.

On sait que Béhanzin, accompagné de son oncle et fidèle bourreau, de quelques-unes de ses femmes et de plusieurs de ses enfants, a été transporté à la Martinique, où il est logé à Bellevue.

Ses fils ont été admis au lycée de Fort-de-France, dont ils promettent de devenir de brillants élèves. Sur leurs jeunes fronts et leurs chevelures crépues, les lauriers du prix de version se confondent avec ceux des prix de sagesse et de narration.

Quant à lui, assis devant la porte de sa riante prison, d'où l'on découvre sur la mer un admirable panorama, il reste le représentant mélancolique d'un ordre de choses évanoui, et pourrait, les yeux mouillés de larmes, chanter comme Clément Marot :

> Plus ne suis ce que j'ai été,
> Et plus ne saurais jamais l'être !
> Mon beau printemps et mon été
> Ont fait le saut par la fenêtre !

VIII

Que sont devenus les débris de la puissance brisée de Béhanzin? Voilà ce que je me propose maintenant d'indiquer.

En donnant pour raison sociale à notre nouvelle colonie les mots « Dahomey et dépendances », nous avons imité ces auteurs qui font un livre avec des nouvelles détachées, et qui placent la couverture jaune ou blanche de leur volume sous l'invocation de l'une quelconque des historiettes qu'elle contient.

Au milieu de beaucoup de « dépendances », on n'y trouve, en effet, que fort peu de Dahomey. La maxime : *Accessorium sequitur principale* n'est point la devise choisie, et l'on peut dire que la sauce et la garniture constituent la partie la plus substantielle du ragoût préparé par les Carêmes administratifs chargés d'accommoder les restes.

Par un phénomène étrange, qui eût très fort surpris Pierre Schlemyl, à mesure que l'ex-royaume de Béhanzin diminuait de grandeur, son ombre s'allongeait. L'explication m'en paraît être que les qualités phonétiques du nom de ce royaume furent jugées supérieures à celles de Porto-Novo, Cotonou, Grand-Popo, etc.

Quoi qu'il en soit, nous désignons aujourd'hui par ce terme générique la région, en forme de long couloir, limitée à l'est par la colonie anglaise du Lagos, à l'ouest par le Togoland allemand, au sud par l'Océan, au nord par le Niger.

On aurait peine à concevoir quatre points cardinaux aussi peu sympathiques. Car, sans parler de notre voisin de droite ni de notre voisin de gauche, personnages aux paroles courtoises, mais aux coudes anguleux et gênants, la mer est fort méchante avec sa barre si dangereuse qui cherche constamment à faire chavirer les embarcations au milieu d'un cénacle de requins, et le fleuve, ce fameux Niger, possède des rives peu aimables, peuplées de gens qui reçoivent les visiteurs à coups de flèches empoisonnées.

Il est malaisé d'entrer dans le « couloir », et plus malaisé d'en sortir par l'autre bout.

Lorsque, après vingt jours d'une navigation monotone, on arrive sur la rade foraine de Cotonou, port de débarquement et seuil du couloir, on ne voit pas autre chose que ce qu'on a vu depuis la Guinée, c'est-à-dire des dunes de sable dont l'aveuglant rayonnement prouve la constante torréfaction. Sur ce sable, et cuisant avec lui, quelques maisons, dont la plupart sont inoccupées: le blockhaus, — c'est la plus solidement construite, — qui servit de citadelle et sert aujourd'hui de justice de paix et de prison; les cases jadis habitées par les troupes, l'ancien parc d'artillerie, la douane, la maison de l'administrateur, un pavillon destiné au gouverneur, et, *passim*, quelques factoreries.

Qui penserait que cet ensemble incohérent de baraques joua, l'année dernière, le rôle habituellement réservé, par les lunes de miel errantes, à la Suisse et à l'Italie? C'est pourtant la vérité, la pure vérité: il s'est trouvé un jeune couple de Parisiens, — et point du tout des boutiquiers, je vous assure, mais des gens du monde, — qui forma et qui exécuta le projet extravagant de cingler, au sortir de la messe nuptiale, sur le Dahomey, afin d'y passer les semaines inoubliables où l'on vit dans le mystère d'un beau nuage rose que l'Amour veut bien prêter pour la circonstance. Dans quelle relation de voyage saugrenue, dans quelle imagerie fantaisiste ces jeunes gens avaient-ils puisé une semblable idée? Et combien névrosées devaient être leurs cervelles! Ils s'étaient fait certainement je ne sais quel préjugé de ruisseaux murmurant sous les voûtes ombreuses des forêts vierges, hautes et fraîches comme des nefs de cathédrales, de lianes entrelacées autour des arbres séculaires, de fleurs aux doux parfums, cassolettes divines, de végétation luxuriante où la nature semble chanter un éternel cantique à la vie... O décors d'opéra ! quels songes décevants vous procurez à certaines imaginations !

Bref, M. et Mme de X., s'étant, suivant l'usage, enfuis incognito, du lunch traditionnel, prirent le rapide de Marseille, et les voilà, le lendemain, sur le pont de l'*Himalaya*, qui est l'un des paquebots, médiocrement confortables, desservant la côte occidentale d'Afrique. D'abord amusés et intéressés par les préparatifs du départ, — la manœuvre des amarres et des cordages, puis la bousculade du dernier moment où les parents et les amis échangent hâtivement accolades ou *shake-hands* vigoureux et se pressent sur la passerelle qu'on va enlever, puis l'hélice qui fouette l'eau, enfin le navire qui évolue avec précaution dans le bassin de la Joliette, *range* à toucher la jetée de pierre où s'agitent, en signe d'adieu, mouchoirs et chapeaux ; — nos voyageurs un peu novices ne s'étaient pas préoccupés de leur installation. Aussi leur désappointement fut-il complet quand ils apprirent de la bouche autorisée du commissaire que monsieur partagerait la cabine de deux inconnus et madame celle de trois religieuses allant au Congo.

Les vingt jours de traversée parurent aux pauvres amoureux vingt siècles pendant lesquels on aurait des nausées. Cotonou prit à leurs yeux l'aspect d'une terre promise. Enfin! s'écrièrent-ils à l'unisson. Que de baisers sous-entendus dans cet enfin!

Descendus, ou plutôt hissés à terre, ils s'inquiètent d'un gîte. Hélas! pas d'hôtel « de France », ni « d'Europe », ni du « Cheval blanc », pas même une auberge, rien! Tenant d'une main leur valise, de l'autre leur ombrelle, ils commencent à errer sur la dune, les pieds enfoncés jusqu'aux chevilles dans un sable moins brûlant peut-être que leurs sentiments, mais néanmoins fort chaud. Un peu d'angoisse leur serre la gorge. Cette détresse, heureusement, n'est pas longue, et de toutes les cases habitées par les Européens sortent des gens qui viennent à eux, disant avec cordialité : « Venez chez nous. »

En un quart d'heure, ils avaient recueilli une demi-douzaine d'invitations. C'est l'usage là-bas, un usage très fraternel, qu'il y ait toujours à toutes les tables un couvert mis pour le nouveau venu qui débarque.

M. et Mme de X., furent très touchés de tant de bonne grâce, mais lorsqu'ils virent que dans les maisons particulières les chambres n'étaient séparées l'une de l'autre que par de minces cloisons de planches souvent disjointes et ne montant pas jusqu'au plafond, ils résolurent de ne point susciter de jalousie parmi les commerçants. C'est pourquoi ils acceptèrent avec joie l'offre que leur fit l'administrateur de mettre le blockhaus à leur disposition. Les meubles qu'on leur donna étaient rares et boiteux, et quand ils pénétrèrent dans leur logis, les cancrelats vinrent les saluer et les moustiques leur chantèrent un épithalame.

On ne voit guère les choses que comme on se les imagine : en sorte que la citadelle, avec ses meurtrières et ses créneaux, leur fit l'effet d'un château féodal embelli par les souvenirs d'Amadis ; les quelques arbres qu'on trouve à un demi-kilomètre furent un petit bois exquis pour mêler au gazouillement des oiseaux des propos d'amour. Cotonou se transforma en un village aimable et pittoresque.

Ils avaient dit : enfin ! au moment de l'arrivée ; ils dirent : déjà ! quand, un mois plus tard, le bateau retournant en France s'arrêta pour les emmener.

Je crois bien que jamais Cotonou ne sera témoin d'une autre idylle.

∵

Un wharf, construit depuis deux ans, a modifié complètement les conditions d'embarquement et de débarquement ; cette utile entreprise a puissamment contribué à l'augmentation, toujours croissante, du chiffre des transactions commerciales. Il serait à souhaiter que cet exemple donné par l'initiative privée fût imité sur toutes les plages de la côte occidentale d'Afrique où nous avons des comptoirs, et où chaque « ponchon » d'huile de palme qu'on transporte à bord et chaque barrique de spiritueux qu'on descend à terre nécessitent un voyage de pirogue qui dure trois quarts d'heure et coûte de 10 à 15 francs. Notez que je ne fais pas entrer en ligne de compte les bains de mer très dangereux, plusieurs fois renouvelés dans une journée. Le wharf supprime ces obstacles et ces dangers, et n'est pas moins utile aux humains qu'aux marchandises. Grâce à lui, on n'a plus la crainte légitime de figurer sur les menus des squales qui montent la garde dans les volutes de la barre. Les navires ne l'accostent pas, mais ils mouillent assez près ; en quelques coups d'avirons, on est au pied d'une échelle en fer très raide et passablement glissante, pratique seulement pour les hommes lestes et qui ne sont point sujets au vertige. Les autres se font hisser sur la plate-forte par la grue à vapeur.

Le mécanicien envoie au voyageur, suivant son importance sociale, soit un filet plus ou moins propre, — et plutôt moins que plus, — soit une espèce de chaise en bois; le passager est-il une individualité tout à fait distinguée, on garnit la chaise d'un coussin tricolore.

Ce matériel est un peu primitif, mais on est bien content, je vous assure, d'avoir un moyen d'atterrir sans péril.

IX

La première chose qui frappe les yeux quand on débouche de la jetée, c'est une pierre tumulaire : « Madame Z., âgée de vingt-deux ans. »

Il semble que la pauvre Mme Z... ait été placée là pour murmurer charitablement, de sa douce voix de trépassée, un avertissement salutaire à l'arrivant. On ferait bien de l'écouter, cette voix, mais on est entraîné par ses obligations ou par sa curiosité et l'on traverse, sans avoir l'air d'entendre, la bande de sable qui sépare la mer de la grande lagune.

Cette lagune apparaît d'abord comme un canal, mais bientôt elle s'élargit et prend l'aspect d'un lac semé d'îlots. Les arbres dont les rives sont plantées réjouissent nos yeux qui, depuis longtemps, ont eu pour unique spectacle l'aridité d'une plaine entièrement dénudée.

La traversée de Cotonou à Porto-Novo dure environ trois heures, pendant lesquelles on grille consciencieusement, mais on ne s'ennuie pas ; le patron du petit steamer possède des fusils, et l'on tire tantôt sur des « aigrettes », sorte d'échassiers dont le plumage, très recherché par nos élégantes [1], contribue à former ces panaches si agréables au théâtre, tantôt sur d'énormes caïmans qui dorment la gueule ouverte et le dos au soleil, vautrés béatement sur des amas de vase recouverte d'une herbe traîtresse et qui représentent les îlots dont je parlais tout à l'heure.

Beaucoup plus intéressants que les aigrettes et les caïmans sont les villages lacustres,

1. Les plumes de la tête valent 2000 francs la livre, paraît-il ; or, l'oiseau n'en possédant guère plus de trois ou quatre, on voit ce qu'une tonne de plumes représente de coups de fusil.

agglomérations de nombreuses cabanes construites au moyen de branches d'abres grossièrement assemblées, que supportent avec peine de hauts et maigres pilotis.

Une population très nombreuse grouille dans ces étranges demeures. Des marmots tout nus, au gros ventre, regardent passer la chaloupe, spectacle presque quotidien, et cependant toujours nouveau : les uns restent graves, les doigts fourrés dans la bouche ; les autres expriment leur satisfaction en gambadant comme des diablotins et en poussant des cris. Les femmes sourient et les hommes laissent tomber leur pagne jusqu'à la ceinture, ce qui est une façon de saluer pas plus bête qu'une autre.

Les cités lacustres du lac Nokoué n'ont pas été construites pour le plaisir de pouvoir pêcher à la ligne en regardant par la fenêtre ; elles doivent leur origine au besoin très impérieux de se défendre avec efficacité, bien que sans risques, périls ni combats, contre les attaques des Dahoméens.

D'après de très vieilles traditions, conservées par les féticheurs, les rois du Dahomey ne devaient jamais « aller sur l'eau » : c'est tout au plus si l'orthodoxie les autorisait à franchir un fleuve pour le bon motif, c'est-à-dire pour guerroyer de l'autre côté et cueillir des esclaves. Pour rien au monde, un soldat de Glé-Glé ou de Béhanzin n'eût poursuivi un ennemi fuyant en pirogue sur la lagune. Doit-on voir dans cette horreur superstitieuse pour l'élément liquide les traces d'une interdiction générale prononcée jadis, par mesure de prudence, à la suite d'accidents survenus, du fait des requins et des caïmans, c'est probable. En tous cas, on admettait comme axiome que la protection des divinités ne dépasse pas les limites de la terre ferme. Se faire lacustre était donc un moyen excellent de vivre à l'abri des surprises ; on aspirait, il est vrai, des microbes à narines que veux-tu, mais on avait la certitude, éminemment précieuse, de garder sa tête sur ses épaules. Le jeu valait la chandelle.

Aujourd'hui que le temps des razzias est

passé, les villages bâtis sur pilotis subsistent par la seule force de l'habitude et restent debout comme un hommage rendu à l'influence de la routine sur les mortels. Combien faut-il que celle-ci soit puissante pour obliger des gens à passer leur existence entière juchés à deux ou trois mètres au-dessus d'un marécage pestilentiel !

*
* *

Parvenu aux deux tiers du trajet, le steamer, afin de couper au plus court, s'engage dans un chenal étroit qui serpente entre deux îlots. C'est la limite des possessions du roi de Porto-Novo.

En guise de poteaux indicateurs surmontés d'un écriteau où le mot *frontière* aurait été tracé, mais que ses sujets n'auraient pu lire, notre bon ami avait imaginé de placer à cet endroit une rangée d'empalés dont les squelettes grimaçaient encore en 1894. Lorsque nous nous sommes installés définitivement dans sa capitale, nous l'avons prié de faire disparaître cet avis au public dont la forme parut, avec raison, tout à fait incompatible avec le genre de férocités en usage chez les peuples civilisés. Toffa s'est empressé d'obéir, sans, du reste, comprendre très bien, — à la manière de Pandore.

Ce simpliste estime, en effet, que la mise à mort d'un condamné ne doit pas être clandestine comme une action dont on a honte, mais qu'il importe, au contraire, de lui donner une grande solennité, car elle est la plus éclatante, la plus indiscutable affirmation de la puissance ou de la justice de celui qui détient le pouvoir. Sa logique est encore trop dépourvue de lumières pour apprécier l'ingéniosité exquise avec laquelle les Européens partisans de la peine de mort concilient le besoin, qui les hante, de posséder un bourreau et une machine à tuer, avec je ne sais quelle vague sensiblerie qu'ils prennent très sérieusement pour de la philanthropie.

Quant au supplice du pal, dont la réputation, je le sais, est détestable, je ne crains pas de dire qu'il n'est pas plus cruel que notre guillotine et, pour achever toute ma pensée, j'ajouterai qu'il l'est moins. Il a, sur notre jouet national, des avantages très notables.

D'abord, le condamné n'attend pas, pour en faire usage, que son recours en grâce ait été examiné par des chefs de bureau et par des commissions; ensuite on épargne à cet homme les affres de la toilette suprême et la visite du magistrat dont l'éloquence fleurie a obtenu sa tête de la bonne volonté de douze jurés.

Ce long calvaire est remplacé par l'octroi d'une quantité de tafia suffisante pour griser complètement le malheureux, de façon à lui ôter toute conscience de sa triste situation et même à lui donner des idées plutôt folâtres.

Voilà pour les préparatifs. Le supplice a lieu de la manière suivante.

Un pieu en bois dur a été fiché en terre, à l'endroit désigné ; il se dresse en pointe très effilée. On y amène le patient qui arrive en zigzaguant, l'air jovial, sans même apercevoir ce morceau de bois. Aussitôt, on lui applique sur la nuque un coup formidable de matraque qui brise la colonne vertébrale : il tombe, sans un cri, comme une masse.

Quand on s'est assuré qu'il est bien mort, on soumet son cadavre à une opération très peu ragoûtante qui consiste à ouvrir le ventre, à en retirer les intestins, et à remplacer ceux-ci par du gros sel. Alors seulement, on embroche.

La décapitation, la strangulation, le « mauvais café », tous trois fort employés au Dahomey, sont des peines purement afflictives, tandis que le pal est infamant et, pour ce motif, réservé aux criminels de droit commun. La flétrissure qu'il comporte est, d'ailleurs, purement spéculative, car, d'une part, son ignominie échappe à celui-là même qui en est l'objet, puisque, avant d'avoir eu le temps de philosopher une seconde, il a été assommé et salé, et, d'autre part, elle n'atteint pas davantage sa famille, puisque, au Dahomey, le mariage et la famille sont des mots à peu près vides de sens, aucun lien légal, pas même la communauté du nom, n'unissant les descendants aux ascendants. En sorte que les seuls jurisconsultes pourraient trouver quelque charme à contempler la gradation hiérarchique des genres de mort cités plus haut. Malheureusement, la côte occidentale d'Afrique ne possède encore aucun échantillon de cette catégorie de savants.

Les choses étant ainsi, j'avais parfaitement le droit de dire sans aucun paradoxe qu'il est réellement beaucoup moins redoutable, en ce pays, d'être empalé que, chez nous, d'être expédié dans l'au-delà par les soins diligents de M. Deibler.

X

Au sortir du « Toché », on aperçoit des maisons blanches, étagées sur le bord de la lagune et blotties dans les frondaisons ; le soleil, qui éclaire leurs façades et fait étinceler leurs toitures, leur donne un aspect joyeux et avenant. C'est une surprise, car on ne s'attend pas à recevoir de l'apparition de Porto-Novo une aussi favorable impression. A mesure que le steamer avance, on distingue plus nettement chaque maison. En voici une, bâtie sur un petit promontoire encore assez loin de la ville, entourée de palmiers et de quelques beaux arbres ; elle a l'air d'une habitation de plaisance avec son parc.

J'interroge le patron.

— C'est, me répondit-il, la résidence du roi de la Nuit.

— Le roi de la Nuit ? quel est ce personnage ?

— Ma foi, monsieur, je n'en sais trop rien. On m'a dit que les noirs le redoutent, et que le roi Toffa en a peur, mais je n'en ai pas demandé plus long, vu que cela m'est égal.

Vous n'êtes pas curieux ?

— Non, monsieur ; je ne dis pas cela pour me vanter, mais je n'ai pas ce défaut-là.

Je me contentai d'inscrire le roi de la Nuit sur ma liste de visites. On verra tout à l'heure comment le hasard me mit en sa présence et suppléa à l'insuffisance des renseignements fournis par le quartier-maître.

Nous longeons la terre. Voici l'hôtel du gouvernement reconnaissable au pavillon qui flotte à la drisse d'un grand mât planté à sa droite. Si je me sers du mot « hôtel », c'est par un sentiment de respect pour le siège de l'autorité locale ; sans quoi, je dépeindrais ce bâtiment comme une fort laide et triste maison, en bois et fer, couverte en zinc, précédée d'une avenue singulièrement dessinée, en ce sens qu'elle n'est pas dans l'axe, flanquée de deux petites constructions d'un style pseudo-italien qui détonne à crier avec celui du bâtiment principal. Cet édifice est le centre du quartier administratif comprenant l'hôpital et cinq ou six maisons de fonctionnaires. Nous stoppons un peu plus loin, presque en face de l'église de la mission catholique dont l'architecte s'est évidemment inspiré de l'école hispano-exotique, et avec quel goût, le malheureux ! Je ne suspecte pas ses intentions, mais je suis bien obligé de constater qu'il a produit quelque chose comme une pièce montée pour repas de noces. Aucun sentiment religieux. Que nous voudrions voir là, au lieu de ce décor criard et vulgaire, un monument sobre, surmonté d'un fin clocher autour duquel se pressent les maisons dans un désir de mystique protection ! Peut-être a-t-on cru que le symbole échapperait aux indigènes, et que leurs yeux, à défaut de leur âme, seraient plus attirés par la vue de ce temple barbouillé d'ocre que par l'austère majesté de nos cathédrales. Je crois que c'est une erreur.

A ne considérer que l'apparence des choses, le succès de nos missionnaires serait des plus satisfaisants. Les dimanches et jours de fêtes, l'église regorge de noirs ayant endossé d'affreux complets et chaussé des souliers qui les gênent, de négresses en beaux pagnes, coiffées d'un madras coquet ou d'un ridicule chapeau à plumes. C'est une foule, est-ce une assemblée de fidèles ?

Ils chantent en chœur, à la grand'messe, le *Gloria*, le *Credo*, les hymnes, et, fort correctement, la maîtrise exécute des morceaux à quatre parties ; mais trouvent-ils dans cette musique sacrée autre chose qu'un amusement et que la satisfaction vaniteuse de « faire du bruit » à la façon des blancs ?

L'autel est fort paré : les chasubles d'or des officiants, les soutanelles rouges et les grandes ceintures bleues des enfants de chœur qui portent des flambeaux et des encensoirs, tout cela forme un spectacle pompeux : les noirs y voient-ils autre chose qu'un spectacle ?

Je ne crois pas me tromper en disant non. Tout cela n'est qu'un mirage, il faut avoir la franchise de le dire, et chacun peut être témoin de ce que j'ai maintes fois observé : tel néophyte qui vous a édifié par son air de piété et que, par hasard, regardant le même jour danser un tam-tam, vous surprenez prosterné aux pieds d'un féticheux crasseux.

Ne croyez pas qu'il y ait, de la part de ces gens, hypocrisie. Non ; ils sont tout bonnement incapables de concevoir le culte catholique autrement que comme la manifestation du fétichisme des blancs. Et puis, nos dogmes sont par trop en opposition avec leur organisation sociale actuelle pour qu'ils les acceptent tant que celle-ci n'aura pas disparu, et nous n'en sommes pas là. Comment, par exemple, admettraient-ils la monogamie avant d'avoir admis que la femme est l'égale, la compagne de l'homme, et non point son esclave, sa bête de somme, dont le rôle consiste à travailler la terre, à porter les denrées au marché, à broyer les amandes de palmes, à écraser le maïs, à fabriquer l'akassa? La monogamie, qui les priverait de ces ouvrières gratuites, serait, pour eux, synonyme de ruine ; voilà la vérité. A chaque pas, l'enseignement chrétien se heurte à des coutumes profondément enracinées, qu'il faut s'appliquer à détruire une à une pour planter ensuite dans un terrain meuble. La tâche est beaucoup plus difficile que ne le supposerait un observateur superficiel qui peut, en se fiant à l'aspect extérieur des choses, croire que nous avons ville gagnée, alors que tout est à faire.

Il existe, en effet, d'autres obstacles que ceux dont je viens de parler et dont on pourrait, avec de la patience et de la persévérance, certainement venir à bout. Nous avons un adversaire bien plus redoutable que le fétichisme, beaucoup plus ardent, infiniment plus puissant et mieux armé : l'Islam.

On aurait grand tort de se

chercher à se dissimuler un fait grave, à savoir que le mahométisme fait de rapides progrès dans toute la région. Et le pis, c'est qu'ils sont logiques, ces progrès, parce que la transition est facile entre les théogonies primitives des peuples noirs et un dogme où le matérialisme s'allie au spiritualisme ; mais, surtout, parce que cette religion admet et proclame la polygamie et l'infériorité sociale de la femme.

Oui, monsieur Grenier, oui, et ne vous en déplaise, le mahométisme, voilà l'Ennemi !

.·.

Ennemi religieux, ennemi politique aussi.

L'étendard vert du Prophète ne mêlera jamais fraternellement ses plis à ceux du pavillon tricolore, car ces deux drapeux sont deux symboles contradictoires.

En Afrique occidentale, dire qu'un peuple est mahométan, c'est dire qu'il est violemment, fanatiquement, hostile à la France, rebelle à notre civilisation, fermé à nos idées, à nos sentiments, à notre génie national.

L'Européen qui dépasse les limites de nos postes du nord court de sérieux dangers s'il n'est accompagné par une escorte armée jusqu'aux dents. Dès les premiers kilomètres, il rencontrera des cavaliers en turbans et en burnous qui viendront caracoler à portée de fusil d'un air très peu cordial, et le suivront comme des gens qui cherchent l'occasion d'une querelle. Chez les chefs, il sera reçu très froidement, on ne lui offrira aucun présent et on affectera de ne rendre aucun honneur à sa qualité de blanc ; il agira prudemment en ne buvant qu'après ses hôtes et en ne mangeant que des aliments préparés par son propre cuisinier.

Mais que ce même voyageur redescende en pays demeuré païen, il se verra partout bien accueilli, à la condition qu'il montrera des intentions pacifiques et respectera les usages et coutumes.

Opposer à la propagande mahométane une autre propagande religieuse, amie de notre civilisation, c'est donc faire aveu de patriotisme éclairé. Croyants et incroyants, hommes de foi et libres-penseurs, ont l'étroite obligation de s'unir dans une égale ardeur pour faire prévaloir contre l'influence des imans et des marabouts celle du prêtre catholique, car ce dernier est évidemment mieux placé que quiconque pour agir avec efficacité sur les esprits et sur les âmes dans un sens favorable à notre puissance. Mais *il faut* que le prêtre comprenne bien, de son côté, et accepte franchement le noble rôle d'agent de la civilisation française. Or, j'ai cru démêler que les ecclésiastiques appartenant à l'ordre des « missions africaines » ont une conception différente de leurs devoirs. Parmi eux, beaucoup sont de nationalité étrangère — Anglais, Italiens, Allemands —, et leur zèle se préoccupe naturellement davantage de servir les intérêts exclusifs de l'Eglise que ceux d'un pays auquel ne les lie aucun lien de cœur, vis-à-vis duquel ils ne ressentent, parfois, aucune sympathie.

C'est là un point délicat et douloureux, trop délicat et trop douloureux pour que j'y veuille insister. Je me borne à faire des vœux pour qu'un état de choses, aussi regrettable à tous les points de vue, disparaisse promptement, cédant la place à une situation normale qui est celle de l'alliance cordiale, affectueuse, mutuellement dévouée, réciproquement active. Je souhaite bien sincèrement que le plus parfait accord et la plus entière confiance s'établissent, comme cela est nécessaire, entre la chapelle peinte en jaune et la résidence officielle peinte en brun.

∴

Si je signale comme un péril la religion de Mahomet, si je souhaite qu'on lui coure sus et qu'on essaie de la rejeter hors de nos frontières, je ne veux pas être injuste et contester la supériorité de sa morale sur les grossières coutumes du fétichisme. Elle apprend à ses fidèles la bravoure, et parfois leur donne une certaine noblesse de sentiments. Elle les éloigne de nous, mais il serait sot de disconvenir qu'elle les élève. Je vais en donner un exemple tout récent.

Au mois d'octobre dernier, une de nos missions d'exploration, composée d'une soixantaine d'hommes, dont trois blancs, s'était égarée dans la « brousse », à la suite de circonstances trop longues à raconter ici. Après mille péripéties, elle arrive épuisée, très tourmentée par la faim et par la soif, devant une grande ville. Aussitôt, elle est entourée par deux ou trois mille guerriers. Déjà ceux-ci bandent leurs arcs, et nos miliciens arment leurs fusils pour ne point être tués sans s'être défendus, lorsqu'un cavalier, vêtu d'un burnous rouge et monté sur un superbe cheval, sort au galop d'une des portes de la ville, franchit l'espace qui sépare les deux troupes et s'arrête brusquement devant le chef de la mission, reconnaissable aux broderies de son uniforme :

— Que viens-tu faire sur mes terres ?

— J'ai perdu ma route, répond le Français, et je ne savais pas être chez un peuple ennemi. J'ignore quelle est cette ville et qui tu es toi-même.

— Cette ville et le pays dont je suis le roi se nomment Kayoma.

— Eh bien, roi de Kayoma, je te déclare que nos intentions sont pacifiques et, à mon tour, je te demande pourquoi tes guerriers semblent vouloir m'attaquer, moi qui me présente sans menacer. Sache que nous ne nous laisserons pas intimider, et si tu veux combattre, je te montrerai ce que valent notre courage et nos armes. Cependant, tu ferais mieux de permettre qu'on nous vende des denrées et d'ordonner qu'un guide nous conduise sur la route qui mène dans notre pays.

— Tu parles bien et j'approuve ta réponse. Jamais les blancs ne m'ont fait de mal, pourquoi leur en ferais-je ? Ni toi ni les tiens n'êtes en danger.

En achevant ces mots, le roi de Kayoma se tourna à demi vers ses hommes et leur fit un geste. Les guerriers se retirèrent à l'instant, et leur retraite fut aussi prompte que l'avait été leur venue. Il tendit alors, en signe d'amitié, sa main au chef de mission et reprit à toute vitesse le chemin de la ville.

Un quart d'heure après, des femmes vinrent apportant des calebasses pleines d'eau fraîche, des œufs, des poulets, des ignames, du maïs. La mission se restaura et se reposa pendant quelques heures, puis elle se remit en route précédée par un guide qui marcha avec elle pendant vingt-quatre heures.

Il est certain que l'acte du roi de Kayoma est celui d'un noir dont la sauvagerie ancestrale est affaiblie.

XI

La population de Porto-Novo est évaluée à 25.000 âmes. Toutes les maisons sont construites en terre de barre et comme, en ce pays de soleil, le travail n'est pas précisément le compagnon inséparable de l'homme, celui-ci s'est bien gardé d'aller chercher au loin les matériaux qu'il pouvait trouver sur place ; il a pioché tout à côté de l'endroit où il se proposait de construire ses pénates, en sorte que chaque maison a pour corollaire un trou plus ou moins profond suivant qu'elle est plus ou moins vaste. Petits marécages quand il pleut, nids à serpents quand l'eau est remplacée par la vase, dépotoirs en toutes saisons, ces trous à moitié cachés par des frondaisons luxuriantes, exhalent des miasmes dont s'offensent cruellement les nez européens, mais qui ne semblent pas incommoder le moins du monde le sens olfactif des naturels.

La domesticité animale s'y donne rendez-vous : les moutons broutent l'herbe et baguenaudent en mangeant les brindilles des abrisseaux ; les poules picorent dans les tas d'ordures où les chiens étiques et galeux cherchent leur nourriture, tandis que des truies obèses contemplent, en poussant des grognements attendris, leur nombreuse progéniture qui barbote et se vautre au milieu de choses sans nom.

Au coucher du soleil, moutons, chiens, poules et porcs rentrent au logis et couchent où bon leur semble, pêle-mêle avec leurs maîtres. Chaque habitation, petite ou grande, possède une cour entourée de murs sur laquelle prennent jour les portes et les fenêtres. Quand le propriétaire est un chef riche qui a beaucoup de femmes et d'esclaves, cette cour est commune à tous les corps de logis et forme avec eux une espèce de cité.

Les rues de la ville sont ce que le hasard les a faites : un enchevêtrement inextricable qui rendrait chauve avant l'âge le géomètre chargé d'en dresser le plan et d'en mesurer les dimensions. La plupart de ces voies de communications ne pourraient donner passage à plus de deux hommes marchant de front. Peut-être cette exiguïté a-t-elle été calculée dans un but de défense contre les invasions des peuples du Nord, afin de faire de toutes les ruelles autant de Thermopyles ; peut-être aussi a-t-elle tout bonnement pour cause l'habitude où l'on est dans ce pays de déambuler à la file indienne, même sur un chemin de dix mètres de large.

Lorsqu'un blanc parcourt la ville, porté dans son hamac, les passants se collent poliment contre les murs. Si ce blanc est le gouverneur ou un personnage important, il est précédé d'un agent de police criant : *Ago ! Ago !* (Faites place !) et tout le monde se sauve ou rentre précipitamment dans les maisons. Ceux qui n'ont pas mis assez de zèle pour se détourner ou qui n'en ont pas eu le temps, reçoivent de vigoureux soufflets, auxquels ils ne répliquent qu'en se mettant à genoux et en se faisant tout petits. Oh ! le bon peuple, et combien il a su garder le respect de l'autorité ! Les coupes-files ne sont pas nécessaires dans ces contrées ; on les remplace très avantageusement par des distributions de calottes.

∴

De temps en temps, on rencontre des carrefours, qui sont à ce brouillamini de rues ce que les clairières sont à une forêt dont les sentiers se croisent en un dédale.

En général, ils font office de marchés de quartier. Mais le grand marché, qui a lieu tous les trois jours, se tient sur le vaste espace qui s'étend devant le « palais d'hiver » (!) du roi.

Plusieurs milliers de femmes sont là, avec ou sans enfants dans le dos, accroupies ou assises, qui parlent, rient ou se disputent.

C'est un piaillement que ne pourrait produire le plus gargantuesque des poulaillers, quelque chose comme le brouhaha sur un mode aigu de la « corbeille » des agents de change ou de la Chambre, quand M. Jaurès interpelle.

Chaque vendeuse étale sa marchandise à ses pieds ; on ne peut concevoir installation plus simple ; la terre rouge sert de vitrine et le ciel bleu sert de plafond ; le soleil darde ses meilleurs rayons pour bien faire valoir chaque objet.

Les diverses « spécialités » sont groupées par catégories. Voici les fez rouges et les bonnets grecs chargés de broderies et ornés d'un beau gland d'or ; les foulards et les pagnes aux tonalités fulgurantes, de fabrication française et anglaise ; les poteries aux décors rutilants, presque toutes d'importation allemande ; d'autres, très modestes, qui sont d'origine autochtone ; voici la parfumerie et les bouteilles aux étiquettes luxueusement coloriées, qui contiennent des vinaigres de toilette tout à fait spéciaux, des eaux de Cologne étonnantes,

d'invraisemblables corylopsis du Japon ; ce
« rayon » possède encore des boîtes de savon
prudemment anonymes, un assortiment de
pommades rances et... de la poudre de riz
blanche et rose ; voici la vannerie indigène
dont quelques échantillons sont réellement
jolis — paniers de forme assez gracieuse et
nattes de toutes dimensions fort bien tissées —;
plus loin, se trouve le quartier des comestibles dont j'ai indiqué déjà les principaux et
des spiritueux, le genièvre, le terrible genièvre qui cause tant de ravages, importé par
les Allemands, et l'inoffensif anisado, produit
marseillais ; à côté sont les fruits, assez peu
variés : noix de Kola, ananas, bananes, oranges, mauvaises mangues, citrons, etc... Enfin,
voici le marché de bois à brûler qui se compose d'une succession de petits tas de fagots
pas plus gros ni plus longs que les cotrets
de nos charbonniers parisiens qui sont des Auvergnats.

Je crois que le mariage de l'offre et de la
demande n'aboutit pas à d'énormes déplace-

ments de capitaux, mais il donne lieu à une prodigieuse dépense de paroles et de gestes. S'amuser constituant le fond de l'existence du nègre, nos marchandes s'en retournent satisfaites, même si elles n'ont gagné que quelques sous dans leur journée, à la condition qu'elles aient beaucoup bavardé et beaucoup ri.

Le grand marché de Porto-Novo a précisément ceci de particulier qu'il met bien en relief la caractéristique de la race dahoméenne : insouciance et gaieté. Ç'a toujours été avec plaisir et intérêt que je me suis promené sur « la place royale », car on ne saurait dissimuler qu'au temps où nous vivons, la bonne, franche et sincère gaieté est devenue bien rare, — que dis-je ? elle est surannée, démonétisée, on la considère comme une chose quasi choquante et tout à fait mal portée.

— Est-ce qu'on rit ? me disait l'autre jour, d'un ton sévère et presque méprisant, l'un de nos jeunes esthètes les plus agités du frisson norwégien.

Hélas ! il avait parfaitement raison. La génération qui pousse n'est pas folâtre ; elle a même dû inventer une langue spéciale pour exprimer ses idées et ses sentiments septentrionaux, inconnus de nos pères qui trouvaient que « le rire est le propre de l'homme », ainsi que l'enthousiasme, ce vieil enthousiasme également mis au rancart. Je me garderai de conseiller à mon jeune esthète et à ses petits camarades de faire un voyage au Dahomey. Que deviendraient-ils, ces malheureux, au milieu d'un peuple dont les occupations principales sont de danser, chanter et rire ?

∵

L'absence d'ouvertures sur la rue donne aux maisons de Porto-Novo un certain air mystérieux et, de fait, les habitants n'aiment pas beaucoup que l'on pénètre chez eux. Ils ont la jalousie du *at home* et la pudeur de l'intimité familiale. On est d'autant moins tenté de manquer de respect à un sentiment aussi honorable, que la curiosité n'aurait vraiment pas grand'chose à gagner si elle avait l'indiscrétion de forcer ces portes qui veulent rester closes.

Une saleté repoussante, un relent d'huile de palme qui flotte lourdement dans l'atmosphère et se mêle à une foule d'odeurs *sui generis* très différentes du jasmin, des enfants qui grouillent parmi les bêtes... et réciproquement, des hommes qui dorment, des femmes, la pipe à la bouche, qui travaillent, les unes à broyer des amandes, les autres à faire frire des beignets de maïs — quelle friture ! — et à faire fumer du poisson, des loques qui pendent çà et là, aucun meuble, mais seulement des nattes, rarement lavées posées sur le sol battu, pas le moindre essai d'ornement, pas une fleur ni un rudiment de jardin, tels sont les éléments qui constituent un intérieur porto-novien.

J'allais oublier un détail qui ne collabore pas médiocrement à l'écœurement ressenti dans ces visites à domicile, mais qu'on ne saurait omettre, car il constitue un trait de mœurs intéressant.

Les Nagots ont l'habitude d'enterrer leurs

morts chez eux, dans leur propre demeure. Quand un membre de la famille a rendu le dernier soupir, on creuse le sol de la case à une profondeur d'environ 60 centimètres, puis, après avoir exécuté quelques danses qui se croient funèbres, on étend le cadavre dans la fosse et on le recouvre d'une couche de terre de barre bien pétrie. Cela fait, on nivelle, on remet les nattes à leur place accoutumée et chacun, bêtes et gens, continue comme devant à boire, manger, dormir en cet endroit. Pour peu qu'une famille, — je me sers de ce terme à défaut d'autre mot, — habite longtemps la même case, elle finit par loger sur un cimetière : soixante centimètres séparent les morts qui dorment des vivants qui ronflent.

N'allez pas croire que cette coutume si étrange, et surtout si contraire aux lois de l'hygiène, soit la manifestation exagérée de sentiments d'affectivité ; ne supposez point qu'elle vienne du désir de ne jamais se séparer de restes chéris et sacrés. La cause est infiniment moins poétique et moins digne de respect, car cette cause est tout bonnement la paresse. Le bon Nagot se dit : Pourquoi donc prendrais-je la peine de transporter très loin, au-delà des fortifications, le corps vénérable de mon aïeul, auquel d'ailleurs ce voyage ne causera aucune satisfaction, quand il est si simple et si peu fatigant de creuser un trou dans mon salon et de l'y mettre ?

Aussi, quand un Nagot quitte sa demeure pour une raison quelconque, ne se préoccupe-t-il nullement des dépouilles mortelles de ses ancêtres. Ceux qui ont passé sur cette terre n'y laissent aucune trace ; on y remue avec inconscience et indifférence la poussière des générations.

Le noir du Dahomey est-il donc réfractaire à l'affection et à l'amour ?

Hélas ! je suis bien obligé de reconnaître que ces deux sentiments sont un peu compliqués pour lui et que la dose de constance dont il peut disposer ne suffirait à la consommation ni de l'un ni de l'autre.

Cependant, si l'indigène est incapable d'aller

jusqu'à la tendresse et à l'amitié, il témoigne néanmoins à ses parents un certain respect, et il est susceptible de ressentir un attachement passager pour un maître qui le traite avec bonté. L'amour maternel, purement instinctif, se borne aux premiers soins à donner à l'enfant ; dès que celui-ci est assez grand pour n'avoir plus besoin d'une surveillance incessante, on ne s'occupe de lui que pour en tirer du travail. Etudier son caractère, réformer ses défauts et développer ses qualités en un mot s'occuper de son éducation à un degré quelconque, ce sont là choses qui ne viennent pas à la pensée. On ne voit jamais au Dahomey une jeune mère bercer son enfant sur ses genoux, jouer avec lui, le câliner, l'embrasser. L'individu humain pousse comme les palmiers de la plaine, sans culture, plus ou moins droit, plus ou moins vigoureux, suivant le terrain où il a germé, suivant la puissance expansive de la sève qui est en lui.

Quant à l'amour sans épithètes, il tient là-bas une place infiniment plus modeste qu'ailleurs.

si modeste même que personne ne fait attention à lui. Il est sans carquois et sans flèches, se dissimule dans les coins et trouve rarement quelqu'un à qui parler d'un air timide. Ce n'est pas un de nos moindres étonnements que de voir en si humble posture cet autocrate devant lequel nous sommes habitués à trembler et dont nous avons reconnu la suzeraineté par ces mots gravés dans le marbre :

> Qui que tu sois, voici ton maître,
> Il l'est, le fut ou le doit être.

Le Dahoméen est l'homme du monde le moins poétique et le moins quintessencié : comme il ne mange qu'avec ses doigts et seulement pour assouvir sa faim brutale, il ne comprend pas le charme que nous trouvons à pignocher des choses délicates, présentées avec élégance, parmi les fleurs, la lumière et l'étincellement des cristaux.

Pour lui, se marier c'est acheter une femme, et acheter une femme, c'est, comme je l'ai dit, acheter une bête de somme. Quelquefois cette femme lui inspire un goût assez vif et, d'ailleurs, éphémère ; il ne se préoccupe jamais de lui plaire, de même qu'en s'approchant d'une rose on ne songe qu'au plaisir purement égoïste de la contempler et d'aspirer son parfum.

XII

Je n'ai vu se produire, pendant mon séjour au Dahomey, qu'un seul cas passionnel, et tout le monde m'a dit que c'était là un phénomène plus rare et plus extraordinaire que la conjonction des planètes Mars et Vénus. La comparaison qui se présente sous ma plume est d'autant plus juste, qu'il s'agissait d'un milicien et d'une indigène de Grand-Popo, ville où, comme chez nous Arles en Provence, les femmes sont renommées pour leur beauté.

Le milicien s'appelait Kouanou, la jeune fille s'appelait Fodjé. Kouanou était un Porto-Novien d'une vingtaine d'années, qui n'avait plus ni père ni mère, ne possédait rien au monde et vivait à peu près de l'air du temps, gagnant, par-ci par-là, en roulant des ponchons d'huile par les chemins, quelques sous qui lui servaient à acheter des boules d'akassa. Cette existence, qui eût contenté la plupart de ses compatriotes, lui semblait fade, car il avait des aspirations vers le bien-être et l'élégance. C'est pourquoi il s'engagea dans la garde civile indigène, en dépit de son humeur peu belliqueuse, ayant été séduit par l'uniforme coquet de cette troupe : veste de zouave bleue avec passementeries, large ceinture, culotte bouffante rouge, chechia, — je ne parle pas des jambières avantageusement remplacées par les mollets noirs, ni des souliers, dont l'usage est inconnu.

Il ne trouva pas tout d'abord, dans la carrière militaire, la réunion des agréments sur lesquels il comptait. Certes, il était bien vêtu et il avait fort bonne mine sous son nouveau costume, on le logeait, on lui donnait une solde convenable. Mais en regard de ces avantages appréciables, combien de désagréments !

Apprendre à faire l'exercice, astiquer son fusil et son sabre-baïonnette, monter la garde, etc.; et puis, surtout, vivre au milieu de camarades auxquels, trois fois par jour, leurs femmes apportaient dans une calebasse un repas qu'elles partageaient avec eux, assises dans le poste ou dans la cour de la caserne, tandis que lui, il était obligé d'acheter en ville son maïs, son poisson fumé et de manger tout seul. Pour bien moins que cela, on aurait eu du vague à l'âme.

Des pensées mauvaises le hantaient, des pensées de désertion, de retour à son ancienne existence de manœuvre intermittent, poussant des barriques en compagnie des Kroumen [1] des factoreries. Pourquoi ne se mariait-il pas? D'abord parce qu'il n'avait guère d'argent; ensuite, parce qu'il n'avait rencontré dans les rues de Porto-Novo aucune femme dont il eût le désir.

1. Hommes de la côte qui s'engagent, pendant une saison, les uns comme manœuvres, les autres comme canotiers. Ce sont de bons travailleurs.

Sur ces entrefaites, la période d'instruction étant terminée, il fut incorporé dans la compagnie résidant à Grand-Popo, chef-lieu d'arrondissement, situé au bord de la mer, tout près de la frontière allemande.

Comme toutes les plages de la côte, Grand-Popo est une langue de sable très étroite qui sépare la lagune de l'Océan ; c'est une localité très commerçante, où sont groupées une dizaine de factoreries européennes ; le village indigène se compose d'une seule rue assez irrégulièrement tracée sur le bord de la lagune et formant quai. Autant la côte faisant face à la mer est aride et triste, autant l'autre est agréable avec ses arbres, sa verdure, avec ses pirogues, ses « boats » et ses chalands chargés de marchandises, qui donnent à ce petit coin l'aspect animé et pittoresque d'un port sur les rives d'un fleuve.

Lorsque vient le soir et que les cloches des factoreries ont annoncé la cessation du travail, on amarre les embarcations, et les canotiers Kroumen se dépêchent de regagner le hangar qui leur sert d'habitation. Le bassin est rendu à sa solitude et à son silence.

C'est l'heure où les jeunes filles ont coutume d'aller se baigner toutes ensemble. Les arbres et les buissons leurs tiennent lieu de cabines pour se dévêtir. Sans beaucoup plus de cérémonie que ne devaient en faire, je suppose, les naïades, sans se soucier des regards indiscrets, elles entrent dans l'eau tiédie par le soleil dont les derniers rayons ont fait un miroir d'or où se reflètent les grands arbres. Et c'est vraiment un spectacle esthétique que celui de ces gracieuses créatures, semblables à des statues de bronze animées, qui jouent et batifolent dans l'onde lumineuse, avec la naïve et chaste impudence des enfants. Il est bien rare, d'ailleurs, que quelqu'un s'arrête pour contempler ce tableau digne d'intéresser un peintre, car les indigènes sont insensibles à la beauté de la forme. Ni les habitants, ni la garnison ne se dérangent pour si peu ; les ébats des baigneuses n'ont presque jamais d'autres témoins que le ciel bleu et que les petits flocons roses des nuages courant dans l'azur.

Il y eut donc, parmi ces jeunes personnes, un peu d'étonnement quand elles aperçurent un garde civil planté sur le chemin et semblant prêter à leurs jeux aquatiques une flatteuse attention. Aucune d'elles ne se doutait qu'en cet instant, le Destin écrivait deux noms sur son grand-livre et que le militaire immobile, qui n'était autre que Kouanou, venait de recevoir le coup de foudre du fait de la rieuse Fodjé.

S'enquérir de l'adresse et du nom d'une femme est moins difficile à Grand-Popo qu'à Paris. Ce fut pour Kouanou l'affaire d'un quart d'heure; il n'eut pas plus de peine à aborder la jeune fille elle-même, car, dans ces pays, tout le monde parle à tout le monde sans aucun des préambules exigés par notre code des bienséances mondaines. De près, Fodjé lui parut plus séduisante encore que de loin. Il l'avait donc enfin trouvée, cette inconnue de ses rêves, cette aimée restée jusqu'alors théorique, et il se jura qu'aucune autre, jamais, ne lui apporterait à manger dans la caserne.

De son côté, Fodjé ne fut pas médiocrement satisfaite d'être courtisée par un beau gaillard orné d'une culotte rouge et coiffé d'une chechia crânement posée sur la tête. Elle accueillit de la façon la plus favorable les ardentes déclarations de Kouanou. Ses parents étaient de pauvres pêcheurs qui se montrèrent fort coulants sur le prix, estimant avec sagesse que, pour les misérables, un « tiens » médiocre vaut mieux que deux « tu l'auras » plus brillants.

Le milicien versa la somme convenue qu'il s'était procurée. Ayant accompli cette formalité assez simple, il se trouva l'heureux époux de la belle Fodjé.

.˙.

Il passa plusieurs mois dans l'ivresse du bonheur, et chaque jour qui s'enfuyait le laissait plus amoureux que le jour précédent. Le pauvre garçon ignorait qu'il était une exception parmi ses congénères et que son cœur parlait une autre langue que leur cœur.

Bien que physiquement d'un beau noir, il était, au figuré, un merle blanc, situation toujours fâcheuse pour un mari, car elle comporte, à moins de rupture dans l'équilibre du ménage, la présence d'une merlette blanche, espèce rare et quasi introuvable. Or, Fodjé avait une âme calquée sur le patron ordinaire de toutes les âmes dahoméennes ; elle ne suivit pas une seconde Kouanou dans les sphères que celui-ci avait atteintes. Ni meilleure ni pire que les autres femmes, elle comprenait ses devoirs conjugaux à la mode du pays, qui n'est pas trop exigeante. Pour le reste, elle s'en souciait comme du Saint-Graal.

Si elle avait été la femme d'un roi, elle aurait regardé la fidélité comme une obligation stricte et impérieuse, car telle était la coutume ; mais elle n'était que la femme d'un simple milicien, et, dès lors, elle n'était justiciable que de la morale vulgaire. C'est pourquoi elle ne pensa pas en avoir enfreint les règles élastiques en acceptant, — après quelques hésitations toutefois, — de la part d'un jeune commerçant anglais au teint très blanc et aux cheveux très blonds, un collier d'or qui valait bien cent francs. Le calme de sa conscience était si complet qu'en allant porter à son époux le repas du soir, elle se para du bijou et fit un long détour afin de le faire admirer à tout le village. Quand elle arriva dans le poste, solitaire pour l'instant (car tous les gardes civils soupaient, par groupes, dans la cour), le premier mot de Kouanou fut pour lui demander d'où venait cet ornement. En pareille occasion, une Européenne placée vis-à-vis d'un Européen très épris se fût fait un jeu de lui donner une explication plausible, que ce dernier eût avalée comme une pilule. Mais Fodjé n'était point rouée et ignorait les manèges de nos coquettes. Elle répondit avec une franchise ingénue. Kouanou fut d'abord stupéfait, médusé et demeura un instant incrédule, pensant être le jouet d'une plaisanterie douloureuse ; mais quand la vérité lui apparut dans sa crudité, sa jalousie éclata comme un orage terrible. Violemment, il arracha du cou de sa femme le collier maudit et le jeta au loin.

— Tu vas mourir! cria-t-il.

Ce fut au tour de Fodjé d'être stupéfaite. Que de bruit pour peu de chose! Puisque Kouanou le prenait sur ce ton, il n'y avait qu'un procédé à employer et dont on faisait toujours usage en cas d'incompatibilité d'humeur : se démarier. Pour cela, il suffisait que la femme rendît à son mari la somme versée par celui-ci aux parents. Elle était prête à le faire.

— Et c'est le blanc qui te la donnera, cette somme? interrompit Kouanou. Entends-tu bien, gueuse, je vais te tuer!

Alors Fodjé eut peur et voulut s'échapper, mais il la repoussa brutalement dans l'intérieur du poste. Elle pria, pleura, demanda grâce ; mais ses gémissements ne faisaient qu'exalter la folie de Kouanou. Tout à coup, il saisit son fusil, en dirigea le canon vers la malheureuse et tira. Fodjé tomba en poussant un grand cri. Tandis que de toutes parts on accourait au bruit de la détonation, un second coup de feu retentit. On trouva le cadavre de Kouanou étendu la face contre terre et les bras en avant.

Fodjé n'était que blessée, mais très grièvement. Pendant quelques jours, elle languit, souffrant beaucoup, puis elle mourut, et sa petite âme simplette s'envola vers les champs élyséens. Peut-être le hasard d'une rencontre la mettra-t-elle en présence de feu M. Alexandre Dumas fils, qui pourra faire entendre à ses esprits, désormais épurés, que la théorie synthétisée dans ces deux mots : « Tue-la ! » est une des pierres angulaires de notre édifice conjugal. Cette ombre illustre lui démontrera par $A+B$ que la supériorité de l'homme civilisé sur le sauvage se mesure précisément à la distance qui sépare la grandeur philosophique d'un massacre passionnel, exigé par la jalousie, et la honte d'un pardon débonnaire suivi d'un remboursement intégral.

XIII

Il n'y a, dans notre nouvelle possession, que deux catégories d'Européens : les fonctionnaires et les commerçants. Quant au colon proprement dit, agriculteur ou industriel, il est et restera vraisemblablement longtemps encore un mythe, un être théorique, car sa présence démontrerait qu'on a résolu un problème très ardu. Le problème se pose ainsi :

Étant donné : 1° que l'agriculture ne peut se passer de main-d'œuvre ; 2° que l'indigène concentre toute son énergie dans la volonté de ne rien faire, et cela parce qu'il n'a qu'un minimum de besoins matériels et pas du tout de besoins intellectuels ; 3° que, sous ce climat dévorant, l'Européen le plus vigoureux, le plus actif, le plus vaillant est dans l'impossibilité physique de manier la pioche et la bêche; — trouver le moyen de créer des fermes-modèles et d'y gagner beaucoup d'argent.

On a étudié la question, on a proposé des projets, mais sans en essayer aucun, car jusqu'ici les capitalistes sont restés froids devant les photographies qu'on leur a montrées.

Bien que le sol du Dahomey soit certainement d'une fécondité merveilleuse, il faut donc malheureusement prévoir que sa virginité sera longtemps encore respectée et que personne ne viendra de si tôt la troubler dans son repos séculaire.

Voilà pourquoi je ne parlerai, — très brièvement du reste, — que des fonctionnaires et des négociants.

.·.

Les fonctionnaires se divisent en bureaucrates et administrateurs, hommes de cabinet et hommes d'action.

Je n'ai pas besoin de dire, car cela va de soi, que le bureaucrate fait là-bas exactement ce qu'il fait ailleurs, ce qu'il fait dans le monde entier : il écrit des choses identiques sur des feuilles de papier de dimension et couleur analogues ; les formules qu'il trace d'une main habile sont communes à toutes les latitudes et sont insensibles aux variations de la température. Que l'écrivain grelotte ou que sa sudation soit abondante, son texte est immuable. Loin de moi, d'ailleurs, l'intention de contester son importance comme rouage social ; je prétends même que s'il n'existait pas, il faudrait l'inventer. Au Dahomey, les employés de bureau n'ont guère d'autres rapports avec la race indigène que des rapports galants. Ils offensent Cupidon en rendant des hommages à la Vénus noire, qui est une Vénus d'occasion et de pacotille. Leur culte est, d'ailleurs, discret comme il convient et aussi correct qu'on peut le souhaiter, très éloigné du dévergondage, fuyant le scandale et ne se manifestant que par des unions morganatiques. Chez nous une jeune personne bien élevée ne doit ouvrir sa porte que la bague au doigt ; là-bas, elle ne veut rien entendre du candidat à sa main avant le don d'une somme variant de cent à trois cents francs, que les parents encaissent; leur respectabilité dispense d'exiger un reçu qui, du reste, serait difficile à obtenir puisqu'ils ne savent ni lire ni écrire. On stipule, en outre, une allocation hebdomadaire de cinq francs pour frais de nourriture et argent de poche. Moyennant ces conditions, on devient maître et seigneur d'une demoiselle aux cheveux crépus, qui ne comprend pas une syllabe de notre langue, mange avec ses doigts et ignore absolument l'art de s'asseoir sur une chaise. On a droit à sa fidélité, sous peine, comme je l'ai dit plus haut, de restitution immédiate des sommes versées : en un mot, on est marié à la mode du Dahomey. Ces mariages d'opérette se rompent sans douleur, mais j'imagine qu'ils doivent se conclure sans beaucoup de charmes. En tous cas, ce sont des inconséquences sans conséquence. La morale a bien quelques objections à formuler, puisque s'il y a, d'un côté, légalité et par conséquent légitimité, il n'y a, de l'autre, qu'une amusette ; mais elle doit se consoler en pensant qu'elle pourrait être exposée à de pires chagrins. Justement, une société vient de se fonder, qui a pour but de remédier à ces inconvénients, en favorisant l'émigration aux colonies de jeunes filles françaises et en les aidant à trouver un honnête gagne-pain et un mari. Certes, le projet est généreux, s'il en fût, et très séduisant ; nous ne saurions que lui souhaiter cordialement plein succès. Mais est-il bien viable ? Pourra-t-on réserver aux femmes, dans les colonies, assez de places rétribuées ? Les jeunes gens qui, en France, n'épousent guère de femmes sans dot, seront-ils dans de meilleures dispositions sous les tropiques ? L'avenir répondra.

Aux administrateurs est dévolu un rôle tout différent et très important, celui de représenter l'autorité française dans les circonscriptions que nous avons formées tant avec les débris mêmes du royaume de Béhanzin, qu'avec des territoires limitrophes que nous nous sommes annexés, ou sur lesquels nous avons établi notre protectorat [1].

Dans les pays annexés, leurs fonctions peuvent être assimilées à celles de nos sous-préfets, c'est-à-dire qu'ils sont en contact direct avec la population et qu'ils en sont les chefs immédiats. Ils font transmettre leurs ordres par des indigènes choisis par eux et ne tenant que de leur seule délégation une bribe de pouvoir à chaque instant révocable. Le système n'a été adopté que là où se trouvaient seulement des petits chefs, plus ou moins indépendants, mais sans force ni prestige, et ne gouvernant que des territoires peu étendus.

Si j'en juge par la popularité que m'ont paru posséder les titulaires de ces postes, j'ai lieu de croire qu'ils s'acquittent parfaitement de leur tâche délicate, qu'ils se passionnent pour elle et servent leur pays avec un dévouement

---

[1]. Ces circonscriptions portent les noms suivants : Porto-Novo, Sagon, Abomey, Allada, Savalou, Carnotville, Ouidah, Grand-Popo, Athiémé.

digne d'éloges, sans lui mesurer ni leur temps, ni leurs peines.

Dans les pays de protectorat, nos agents sont obligés de se montrer, avant tout, diplomates ; ils font de l'administration à deux degrés, par l'intermédiaire des rois et des grands chefs indigènes. Leur principal objectif est donc d'avoir bien en mains ces rois et ces chefs en les soumettant à de continuels exercices d'assouplissement moral, c'est-à-dire en leur démontrant et en leur rappelant ensuite, de façon claire, nette, péremptoire et sans ambages, que le pouvoir qu'on leur a laissé est une apparence de pouvoir, que leur autorité est fragile, tout en façade, prête à tomber en poussière à notre première chiquenaude.

Quand l'intéressé a bien compris la situation et qu'il est devenu parfaitement docile, l'administrateur doit affecter un respect absolu pour les prérogatives extérieures de son protégé. Rien ne se fait sans son autorisation tacite, mais il n'intervient que dans des cas exceptionnels ; il gouverne sans régner, tire les ficelles qui font mouvoir son pantin, et pendant que celui-ci fait les gestes, c'est lui qui parle. Devant lui se courbent les superbes ; on craint sa mauvaise humeur, on redoute son mécontentement.

Et totum nutu tremefecit Olympum.

Ce second système augmente beaucoup les moyens d'action de nos représentants, puisqu'il délivre ceux-ci de la plupart des *impedimenta* que la civilisation en voyage a la fâcheuse habitude de remorquer. Grâce à cette excellente organisation, on ne se heurte pas à chaque instant contre la barrière d'un règlement, et l'on peut marcher au but sans être forcé de franchir des montagnes de paperasses.

Nous avons affaire là-bas à des gens si complètement étrangers à nos idées et à nos sentiments, qu'il serait à la fois ridicule et inutile de vouloir leur appliquer notre procédure, notre Code, tant civil que pénal. Avant de distribuer à un peuple des notaires et des avoués, il faut d'abord que ce peuple sache lire et surtout qu'il ait la notion de ce que c'est que la pensée écrite et conçoive le respect du papier qui atteste ou ratifie un engagement, une promesse.

Autrement, on risque de faire de la bouillie pour les chats, et, par trop de précipitation, de commettre des bourdes regrettables.

Certes, j'admire sans réserve, comme doit le faire tout contribuable qui tient à l'estime de son concierge, la beauté de notre appareil social et l'harmonie de ses rouages compliqués, mais je ne le vois pas très bien fonctionnant parmi les noirs de la côte d'Afrique.

Le Dahomey, pays neuf, table rase, nous offre une merveilleuse occasion de prouver au monde et de nous prouver à nous-mêmes, bien mieux que par des discours de tribune, des articles de journaux et des toasts de banquet, que nous sommes capables d'organiser.

Prudence et persévérance doit être notre devise. Marchons *piano*, *pianissimo*, pour marcher *sano*. Maintenons le plus longtemps possible nos protectorats; ne nous hâtons pas de nous substituer, avant l'heure utile, aux roitelets que nous avons soumis, et contentons-nous, pour l'instant, de leur couper les ailes.

∴

Passons à la seconde catégorie d'Européens, les négociants.

Jadis, au temps de la Compagnie des Indes, des blancs s'établirent à Porto-Novo pour y vendre des noirs et il serait enfantin de dissimuler que les fondements des plus anciens et des plus riches comptoirs reposent sur du bois d'ébène. Le leur reprocher serait presque aussi absurde que de faire un grief à nos pères de ce qu'ils ne se coiffaient pas du chapeau haut de forme. Ce genre de commerce, qui nous fait horreur, n'indignait personne et cependant les honnêtes gens étaient, à cette époque, aussi nombreux, si je ne m'abuse, que de la nôtre; la littérature et la philosophie comptaient alors autant de nobles esprits, de grandes intelligences et de belles âmes. La façon d'envisager les choses s'est profondément modifiée sur bien des points; ç'a été souvent tant mieux et quelquefois tant pis. Il est fort heureux que, depuis la crise d'attendrissement causée par *la Case de l'Oncle Tom,* roman fantaisiste, le bon nègre ait cessé de servir de marchandise, mais pourrait-on jurer que de nouveaux procédés d'exploitation de l'homme par l'homme n'aient pas été créés ? Réfléchissons mûrement à la parabole de la poutre et de la paille avant de crier haro sur des maisons de commerce qui ont débuté, sous l'aile de leurs gouvernements respectifs, en échangeant, avec le roi du Dahomey et les princes d'Allada, des cotonnades et de l'alcool contre des lots d'esclaves.

Aujourd'hui, les mêmes maisons achètent tout bonnement des amandes de palmes pour en faire de l'huile et du savon, et vendent paternellement de l'épicerie. Elles ont, comme on dit, changé leur fusil d'épaule et paraissent s'en trouver à merveille, si l'on en croit les statistiques douanières qui dénotent chaque année un accroissement sensible dans le trafic. Ce criterium n'est malheureusement pas infaillible, parce que la concurrence grandit en proportion du chiffre total des transactions. Trop de bouches réclament une part du gâteau pour que chacune puisse prétendre à une bien grosse tranche. A Porto-Novo comme ailleurs, la bataille économique est de plus en plus acharnée. Nos compatriotes, que le gouvernement soutient comme c'est son devoir, font bonne contenance et gardent leurs positions ; mais les Anglais et les Allemands luttent avec ardeur. Les premiers emploient le crédit, qui est une arme à deux tranchants et bien dangereuse quand on a affaire à des gens rarement solvables et souvent nomades ; les autres ont sur leurs adversaires l'avantage énorme de fournir des produits de même qualité à des prix très inférieurs. S'il fallait parier, je n'hésiterais pas à parier pour ceux-ci. Les Allemands ont de gros capitaux et leurs factoreries sont bien dirigées. Une de leurs maisons est basée sur un principe assez original et que je crois nouveau en matière commerciale : la chasteté. Tous les employés sont de jeunes orphelins, recueillis et élevés par les soins de la société commanditaire ; on leur fait faire des études commerciales très approfondies, on les prépare très intelligemment à la vie d'outre-mer, puis, quand ils ont vingt-deux ou vingt-trois ans, on les envoie sur la côte occidentale d'Afrique. Bien logés, très largement pourvus de tout le confortable possible en ces pays, appelés à participer aux bénéfices de leur gestion, ils sont soumis à deux conditions : travailler beaucoup et mener une existence pure comme de l'eau de Saint-Galmier. Le moindre écart de conduite est réprimé sévèrement, et tout flirt un peu trop accentué exposerait son auteur à un renvoi sans merci. Le conseil d'administration veut bien aider ses employés à se constituer une dot, en vue d'épouser Gretchen ou Lisbeth, mais il tient absolument à ce que ceux-ci mettent un lys immaculé dans la corbeille.

Les factoreries de toutes nationalités sont situées dans le même quartier, à l'une des extrémités de la ville, sur le bord de la lagune où elles ont leurs petits wharfs pour le chargement et le déchargement des pirogues, et ce sont elles qui donnent à Porto-Novo, vu du large, cet aspect majestueux qu'il ne justifie pas.

Les relations entre les commerçants européens et les indigènes sont excellentes, mais ces derniers se cantonnent dans leur rôle de vendeurs ou d'acheteurs, et ne fournissent aucun ouvrier. On est obligé de faire venir de la côte de Krou des travailleurs qu'on engage un mois, ce qui grève sensiblement les frais généraux. Les Kroumen ne se mêlent pas du tout aux Fons ni aux Nagots, et constituent une population qu'on peut d'autant plus justement appeler flottante que c'est une population de piroguiers et de « barreurs » de profession. Ils font toute la grosse besogne des factoreries et y restent jusqu'à ce qu'ils aient réalisé assez d'argent pour s'en retourner paresser à leur aise dans leur cher pays. Les Kroumen sont les savoyards du Dahomey, qui s'embauchent pendant une saison et reprennent le chemin de la terre natale.

Les négociants se tiennent à l'écart de la politique, ce dont il convient de les féliciter. Mais en s'occupant exclusivement de leurs affaires, ils travaillent sans phrases à l'œuvre de la civilisation. Ils en sont les *missi dominici* tout désignés, et c'est par eux, par les besoins qu'ils créent chez les indigènes, par l'évidence qui apparaît à ceux-ci de notre supériorité industrielle, que nos idées, nos mœurs, nos sentiments, pénétreront peu à peu dans les esprits et dans les coutumes.

XIV

Le « boulevard Ferdinand-Fabre », qui court le long de la lagune et où sont groupées presque toutes les factoreries, ne se prolonge pas au-delà de la dernière maison de commerce européenne. Si l'on veut continuer sa promenade, il faut prendre un chemin à gauche qui pénètre dans la ville indigène, mais pour en ressortir bientôt et se transformer en une jolie route assez large, ombragée par de forts beaux arbres. On y éprouve, pendant un instant, l'agréable illusion d'être loin du Dahomey, aux environs d'une de nos villes du Midi. Cette route, qui mesure un kilomètre à peu près, conduit à une sorte de village bâti sur un mamelon et que domine une maison carrée élevée d'un étage, coiffée d'un toit en tuile ; un grand pavillon tricolore, hissé à l'extrémité d'un bambou, flotte joyeusement tout à côté.

C'est *Bécon*, résidence de Sa Majesté Toffa 1er, roi de Porto-Novo. Pénétrons-y ensemble. On n'a pas tous les jours l'occasion de rendre visite à des monarques, et quand le hasard vous y introduit, il arrive rarement qu'on y rencontre des impressions inédites. D'avance, on s'était imaginé de beaux salons, luxueusement meublés, une nombreuse domesticité au teint fleuri et à l'attitude correcte, puis des officiers d'ordonnance avec leurs aiguillettes, puis enfin le roi lui-même, vêtu d'une redingote noire et d'un pantalon gris, vous accueillant avec une bienveillance courtoise et distinguée, vous entretenant pendant un quart d'heure d'un sujet quelconque et vous tendant la main avec une affabilité cordiale quand vous prenez congé. Il est impossible, au contraire, de se figurer la physionomie d'une audience de Toffa.

Une grande porte cochère plus que simple, percée dans le mur d'enceinte, donne accès au palais. Elle rappelle l'entrée de certaines gentilhommières de Normandie ou de Bourgogne, qui sont moitié ferme et moitié château, rustiques avec un certain air de fierté. Le seuil franchi, nous voilà dans une vaste cour dont les murs sont ornés de fresques noires sur fond blanc, représentant des oiseaux à belles aigrettes et à longues queues ; le dessin est un peu naïf, mais cependant beaucoup meilleur que ce que produisent d'ordinaire les artistes du cru.

A gauche, un grand bâtiment rectangulaire hermétiquement clos : c'est la salle du trône, qu'on emploie aussi comme magasin. Au fond, un quinconce d'arbres rabougris, et sous ces arbres, — il serait inexact de dire à leur ombre, — un canapé en acajou, dont la forme a été évidemment inspirée par la chaise longue de Mme Récamier. C'est là que deux fois par jour, le matin et dans l'après-midi, le roi vient s'asseoir, fumer, donner des audiences, rendre la justice, tenir conseil avec ses ministres agenouillés, ou discuter au milieu de ses courtisans prosternés. La maison d'habitation est à droite de la cour et séparée d'elle par un petit mur. Le rez-de-chaussée est occupé par des cases à fétiches, par le local où est conservé un certain cheval de bois dont je parlerai tout à l'heure, et par un petit cachot dont le voisinage est nécessaire à la sérénité et aux bonnes digestions de tout roi nègre. Il faut donc monter au premier étage, et l'ascension est pénible, car l'escalier est aussi droit qu'une échelle de navire. J'ai remarqué, du reste, que si, au Dahomey, on a parfois l'esprit de l'escalier, on ignore l'art de le construire; jamais une courbe, et toujours la perpendiculaire. Un des *larrys* de service est allé nous annoncer, et bientôt il revient nous dire que nous sommes autorisés à effectuer la fatigante opération qui consiste à gravir, sous un soleil ardent, une vingtaine de marches exactement superposées les unes aux autres. On nous ouvre les portes vitrées d'une antichambre où nous pouvons ôter nos casques, éponger nos fronts ruisselants et souffler un peu. Nous en profitons pour regarder autour de nous.

Des fétiches en bois grossièrement sculptés et affreusement peinturlurés servent de principal ornement à cette pièce ; je suppose qu'ils ont pour fonction spéciale d'arrêter au passage les maléfices qui essaieraient de s'introduire dans la demeure royale. Le parquet est recouvert d'un tapis, mais, — détail bien *nègre,* — les différents lés ne sont pas cousus, en sorte qu'on les déplace en marchant et qu'on risquerait, si l'on n'y prenait garde, de se jeter par terre. Tout de suite, nous entrons dans le salon, si on peut donner ce nom à une vaste salle qui a l'aspect d'une boutique de marchand de meubles d'occasion et de curiosités. C'est un entassement d'objets disparates, auquel a présidé le plus aveugle des hasards et il faut un moment pour s'y reconnaître. La tapisserie qui couvre les murs est cachée par tout ce qui pend à des clous : à côté d'armes damasquinées, de sabres aux poignées ornées de pierreries, on a accroché de vieilles lattes rouillées qui ne valent pas deux sous, des fusils à pierre et des pistolets d'arçon magnifiques, de mauvaises gravures, une grande photographie du maître de la maison, puis des glaces placées les unes à côté des autres, carrées, ovales, biseautées et non biseautées, avec cadre somptueux ou cadre écorné et dédoré, enfin, une vingtaine d'horloges à gaine, cartels et coucous dont aucun ne marche, d'ailleurs ; et pourquoi marcheraient-ils, puisque personne ne sait lire l'heure et ne se préoccupe du temps qui s'écoule ?

Au milieu de la pièce, une immense table supporte et réunit des choses qui doivent être profondément étonnées de leur juxtaposition ; les énumérer m'obligerait à dresser un catalogue et j'aurai suffisamment indiqué les antithèses en disant qu'on y voit depuis une statuette en biscuit de Sèvres jusqu'à un plumeau. *Passim*, comme meubles meublants, un grand buffet de salle à manger, des sièges en velours, d'autres en damas et, mêlées à eux, des chaises de cuisine. Au haut bout de la table, deux fauteuils recouverts de velours rouge, en bois doré, à grand dossier surmonté d'une couronne royale, le tout un peu fripé et sentant fort le décor de théâtre. Bien souvent, j'en suis sûr, le baryton et la chanteuse légère ont dû s'y asseoir pour contempler le ballet. Aujourd'hui, c'est nous qui devons y prendre place et l'on nous y conduit avec une certaine solennité. Peu de minutes après, Toffa paraît, suivi de ses ministres intègres. Quel âge a-t-il? De cinquante à soixante ans, je suppose; il est de taille moyenne, maigre et nerveux, franchement noir; ses yeux sont petits, très vifs, intelligents et pleins d'expression; ils éclairent singulièrement le visage qui, d'ailleurs, est assez laid. Pour nous faire honneur, Toffa a revêtu un riche costume : grand habit de peluche grenat tout brodé d'or, culotte de satin cerise, bottes à la hongroise en piqué de soie de même couleur et ornées d'un gland d'or, képi amarante, fort galonné et surmonté d'un haut plumet tricolore. Son manteau royal est une superbe pièce de brocart vert foncé et qui n'est ni taillée ni même ourlée : telle il l'a reçu du *Bon Marché*, telle il la porte. Des amulettes nombreuses, attachées à son cou, tombent sur sa poitrine et se mêlent aux décorations et plaques qui brillent sur la peluche de son habit où elles ont l'air d'être en étalage ; des bracelets de métal, insigne du commandement, font un bruit de ferraille à chacun de ses mouvements.

Peut-être aura-t-on remarqué que je n'ai pas dit un mot, dans cette description, ni du jabot ni des dentelles : la raison en est que l'usage du linge de corps est là-bas inconnu à la cour comme à la ville ; on porte ses vêtements à même la peau. Si, d'aventure, un indigène achète une chemise, séduit par sa couleur et l'élégance de ses pans, il la porte comme vêtement extérieur, ce qui ne laisse pas que d'être parfois assez drôle.

.'.

Le roi s'avance lentement et avec une dignité appropriée à son rang social, tenant de sa main gauche un foulard de soie mauve et une canne en bois blanc verni, terminée par une pomme d'or où son chiffre est très joliment ciselé.

Il nous tend sa dextre et nous honore d'un vigoureux *shake-hands* en prononçant d'une voix forte à laquelle, vainement, il essaye de donner de douces inflexions, les mots suivants qui constituent à peu près tout son répertoire français : *Bonjour, ça va bien, merci.*

Nous répliquons par un compliment que traduit notre interprète et nous reprenons nos places sur les majestueux fauteuils de velours tandis que le roi s'assied sur un canapé bas, très modeste et qui, j'ai lieu de le croire, a toujours été privé des caresses d'une brosse. Messieurs les ministres et gentilshommes, vêtus d'un pagne blanc qu'ils ont laissé, en signe de respect, retomber jusqu'aux reins, s'accroupissent et la conversation commence entre Sa Majesté et nous. Eh bien, je dois dire que cette conversation est très intéressante. Le roi Porto-Novo y fait preuve d'un bon sens remarquable, d'une notion très exacte des intérêts de son peuple et très nette de sa propre situation, enfin d'un sincère dévouement pour la France. Nous lui parlons du voyage que ses deux fils aînés, accompagnés du larry Hazoumé, premier ministre, ont récemment fait à Paris. Toffa nous répond avec beaucoup d'à-propos qu'il est heureux d'avoir pu donner « au grand roi des Français » un témoignage de son respect et de sa reconnaissance et qu'il s'applaudit d'avoir eu l'occassion de mettre son futur héritier, le prince Dossou, à même de se rendre compte de la richesse et de la grandeur d'un pays « aussi supérieur, dit-il, par son éclat à mon propre royaume que l'est à la plus petite des étoiles le soleil qui éclaire le monde ».

Nous demandons à interroger les deux jeunes princes Dossou et Ajiki. Sur un signe de leur père, ils s'approchent à quatre pattes.

— Que pensez-vous de Paris?

— Notre bouche serait impuissante à exprimer notre admiration et trop d'idées se pressent dans notre esprit pour que nous puissions les traduire. Cependant, nous nous efforçons de rassembler peu à peu nos souvenirs et nous en faisons part au roi, notre maître, ainsi qu'à nos amis qui s'en montrent émerveillés.

— Et toi, Hazoumé, qu'est-ce qui t'a le plus frappé dans ton voyage?

Le premier ministre réfléchit un instant.

— C'est le cirque, et puis les danseuses... Oh! qu'elles sont jolies!

En disant ces mots la bouche ministérielle se fend jusqu'à l'extrémité des os maxillaires, et les yeux de Son Excellence brillent d'un éclair de concupiscence.

Toffa éclate de rire, comme nous, et pince l'oreille de son fidèle conseiller — à l'instar de Napoléon quand il était de bonne humeur.

La cour, voyant rire le roi, l'imite bruyamment et, pendant quelques instants, tous les seigneurs agenouillés se tiennent les côtes. Un choc de la canne sur le plancher fait rentrer tout le monde dans le silence et la gravité.

Cependant, on apporte le champagne, — une demi-douzaine de bouteilles « Cliquot », — et le ministre du commerce va chercher le tire-bouchon, tandis qu'un autre membre du Cabinet offre les verres sur un plateau : une flûte pour le roi, des coupes pour nous. L'assistance suit avec une profonde attention les diverses phases du débouchement. Quand le liquide doré pétille dans le cristal limpide, Toffa se lève, ainsi que nous-mêmes et, solennellement, choque son verre contre les nôtres en portant ce toast à la fois bref et cordial.

— Santé !

A ce mot, tout ce qui était à genoux et accroupi s'étale tout de son long, le visage collé au plancher en sorte que nous n'avons plus qu'un horizon de dos, — si j'ose m'exprimer ainsi. Une des règles les plus formelles du protocole défend, en effet, qu'on aperçoive le visage de Sa Majesté quand elle boit. Pour plus de sûreté, Toffa déplie son mouchoir de soie et c'est derrière cet abri tutélaire qu'il ingurgite son champagne. L'opération terminée, il donne un signal, les courtisans font claquer leurs doigts d'une façon particulière, puis reprennent leur position normale.

Nous sollicitons la permission de visiter le

« palais » avant de nous retirer, ce qui nous est accordé avec la meilleure grâce du monde. Toffa veut bien nous servir lui-même de guide et nous présenter ses collections qui, je l'ai dit, sont un méli-mélo extravagant.

.˙.

Deux salles méritent de retenir l'attention.

La première contient des coffres pleins de livres sterlings bien sonnantes et trébuchantes : c'est le Trésor public. Tout le ministère des finances tient dans l'espace d'un cabinet de toilette de moyenne grandeur ; les directeurs, sous-directeurs, chefs de bureau et employés sont remplacés par des cadenas dont les clefs sont réunies en un trousseau qui ne quitte jamais le monarque, en sorte que ce dernier a toujours son personnel sous la main. Aucun budget n'est plus simple comme fonctionnement que celui de Toffa : cric, crac, on encaisse une recette ; cric, crac, on puise dans un coffre pour solder une dépense. Les impôts sont calculés suivant les besoins du roi et, par ce moyen, jamais l'équilibre n'est compromis. Toffa est très au-dessus de ses affaires et possède des réserves importantes.

L'autre salle est celle des costumes : dans des armoires reposent une vingtaine d'uniformes de fantaisie, chamarrés de broderies d'or, d'argent et de soie : bleus, verts, rouges, blancs; autant de pantalons à bandes, de culottes courtes en satin ou en velours et de bas assortis; un choix de chaussures, depuis des pantoufles pailletées, jusqu'à des bottes à l'écuyère; des sabres et des épées de parade, etc. Mais le chapitre, sans contredit le plus curieux, est celui des chapeaux et des képis. Je n'en ai pas compté moins de quatre-vingt-quinze; il y en a d'invraisemblables, avec ou sans plumes, avec ou sans pompon. Les cartons dans lesquels ils sont enfermés s'élèvent en pyramide, et tous les ans de nouveaux spécimens de l'industrie chère à M. le député Faberot viennent augmenter cette armée de couvre-chefs. Remarque : notre chapeau haut de forme ne figure pas dans la collection.

XV

Toffa est très fier de son magasin de costumes, et l'on est sûr de faire vibrer chez lui une corde sensible lorsqu'on lui en fait compliment, car il est, comme pas un de ses collègues, possédé de la manie du déguisement.

Ayant eu, l'an dernier, occasion de me trouver là-bas au moment de la très curieuse célébration de notre Fête nationale, j'ai pu contempler le roi de Porto-Novo dans toute sa gloire vestimentaire.

Il fit, ce jour-là, deux visites au Gouverneur de la Colonie, l'une dans l'après-midi, afin de présenter ses femmes et son peuple, l'autre dans la soirée, pour assister au bal officiel et au feu d'artifice.

Rien de plus pittoresque et de plus original que l'arrivée de son cortège par l'avenue qui conduit à la Résidence.

En tête, la musique, c'est-à-dire les tams-tams ; puis, trois ou quatre mille individus, serviteurs — ou esclaves — du roi, dansant, chantant, criant à qui mieux mieux ; puis, les chefs avec leurs parasols rouges, les ministres en pagnes blancs ; puis les princesses du sang et les dames du harem en grands atours ; au milieu d'elles, le Roi en personne, portant un habit brodé d'or, entouré de ses sonneurs de trompe, de ses allumeurs de pipe, de ses porteurs de crachoirs, de ses larrys, etc.... Derrière, le peuple, hommes, femmes, enfants.

Cette étrange procession s'avança avec lenteur, se déroulant en sautillant dans les méandres du chemin.

Quand elle parvint à la grille, les cris redoublèrent, les tams-tams firent rage, le rythme de la marche s'accentua.

Mais voici que le « grand chef des blancs » paraît et se dispose à recevoir le roi suivant l'étiquette locale. Soudain, les tams-tams s'arrêtent, les cris cessent, on s'écarte avec respect, et Toffa, accompagné de ses seuls ministres, s'avance, non sans dignité, au-devant de notre représentant et le salue en lui secouant vigoureusement la main.

Beau sujet de tableau pour un coloriste.

Les congratulations d'usage échangées, il prit place sous la vérandah, parmi les fonctionnaires européens et, sur un signe de lui, ses femmes commencèrent par exécuter une sorte de balabile savamment réglé et très gracieux.

Pendant un entr'acte, de nombreuses bouteilles de champagne et de bière leur furent distribuées de la part du Gouverneur.

Toffa descendit alors de la terrasse et, se mêlant aux groupes joyeux de ses épouses, dansa lui-même un pas que j'appellerai le pas du remerciement.

Cette cérémonie marqua la fin des exercices chorégraphiques.

On fit alors avancer le hamac royal où Sa Majesté prit place à califourchon. Le poste militaire présenta les armes, tandis que les cornes d'ivoires mugissaient et que l'assistance poussait en notre honneur de fanatiques hourrahs. Puis, tout le peuple suivit en courant, et en soulevant des flots de poussière, son souverain que les hamacaires emportaient au pas gymnastique.

∴

Le soir, après dîner, une grande malle, envoyée de Bécon et pleine des plus riches habits royaux, fut introduite respectueusement dans un des salons réservé à cet effet, ou plutôt à ces effets, et transformé pour la circonstance en cabinet de toilette.

A neuf heures précises — l'exactitude étant la politesse des rois, — l'arrivée du monarque fut signalée par les trompes, comme on venait d'allumer les lampions.

Celui-ci parut bientôt, encore plus somptueusement chamarré que naguère. Un immense plumet tricolore surmontait sa coiffure. Il s'assit d'abord, flanqué de son allumeur de cigare et de son porteur de crachoir, qui se tenaient à genou ; mais au bout de quelques minutes, il quitta son fauteuil et entra dans le *private-room*, d'où nous le vîmes revenir transformé : tout à l'heure il était en velours grenat, le voici en satin vert; un quart d'heure après, il était en bleu, puis il se mit en rose, en jaune, et ainsi de suite jusqu'à épuisement du contenu de la malle et des couleurs de l'arc-en-ciel.

Pendant que S. M. se déshabillait et se rhabillait, se décoiffait et se recoiffait, courtisans et ministres, accroupis dans un coin de la vérandah, se gavaient à bouche que veux-tu de volailles froides et de roastbeef qu'ils mangeaient avec leurs doigts, et ingurgitaient, à même le goulot, une quantité considérable de liquide, faisant preuve d'une capacité stomacale à rendre jaloux Gamache et ses invités.

Toffa qui ne boit, lui, que du champagne, en sabla galamment deux ou trois bouteilles.

Avant de se retirer, les gentilshommes de la cour exécutèrent, roi en tête, une espèce de farandole sur une mélopée chantée qui est l'hymne national Porto-Novien. Mis en joie, nous y prîmes tous part ; nous tenant par la main, nous fîmes un monôme qui, conduit avec un entrain endiablé par une jeune et ravissante parisienne, serpenta à travers les salons, les bureaux, les vérandahs, tandis que quelqu'un accompagnait au piano, à grand renfort de pédale, le refrain chanté en chœur :

>Ali, Ali baba
>Ali baba Toffa

Le populaire, massé dans le jardin, applaudit avec enthousiasme cette scène où blancs et noirs, protecteurs et protégés, fraternisaient si gaîment.

Lorsque, au lieu d'aller en soirée, ce qui — j'en dirai la raison dans un instant — ne lui arrive qu'une fois l'an, Toffa donne un grand dîner suivi d'un bal dans la salle du trône, ses transformations sont beaucoup plus nombreuses. C'est vraiment original de voir le roi, après le premier plat, abandonner précipitamment la table et planter là ses invités ;

quand on n'est pas prévenu, on se livre à des
suppositions... très éloignées de la vérité
mais alors même qu'on a été averti, l'effet est
encore très comique et ajoute à l'originalité de
ces repas invraisemblables où le service, la
vaisselle, la cuisine, sont une des choses les
plus abracadabrantes que j'aie contemplées.

∴

Malgré son amour du panache, le roi de
Porto-Novo s'habille, en dehors des cérémonies officielles ou des audiences importantes
avec une simplicité antique : un pagne blanc
et des pantoufles aux quartiers aplatis, que le
respect seul m'empêche d'appeler savates.

Tel est l'appareil extérieur dont il se contente pour deviser avec ses familiers et rendre
la justice à ses peuples.

Il prend très au sérieux ses fonctions de
magistrat et je suis heureux de dire que ses
arrêts, toujours très scrupuleux observateurs
du droit coutumier, indiquent un effort marqué
vers l'équité. Dans les causes criminelles,

quand l'affaire lui paraît embrouillée et que sa conscience manifeste des hésitations et des inquiétudes, il a recours aux moyens qui ne trompent jamais : il consulte l'oracle.

Deux procédés sont employés pour faire intervenir la divinité dans la solution des querelles humaines : l'un, qui est d'usage courant, s'appelle « prendre fétiche » ; l'autre, qui est plus solennel et dont le roi seul peut se servir dans des circonstances graves, est le Cheval de bois. (On se rappelle peut-être que j'ai mentionné tout à l'heure cette coutume).

Quelques mots d'explication ne seront pas sans intérêt.

Un crime a été commis, meurtre ou vol ; on ne découvre aucune preuve matérielle de culpabilité, mais il existe néanmoins des présomptions concernant tel individu qui n'a pas pu fournir d'alibi ou contre lequel s'élève le terrible *is fecit cui prodest*. Chez nous, on s'empresserait de le fourrer en prison, au secret, et on le soumettrait à la longue torture morale des interrogatoires. Nul n'ignore, en effet, que le premier devoir d'un inculpé est d'être coupable et que vouloir se donner les gants d'être innocent constitue de sa part un manque d'égards intolérable envers la justice de son pays ; on le fait comparaître devant les jurés, le ministère public l'accable d'outrages, et, si le drôle s'en tire acquitté, il pourra brûler un beau cierge de trois livres à son ange gardien.

A Porto-Novo, ce n'est pas cela du tout. On amène l'homme soupçonné en présence du roi et de quelques féticheurs.

— Veux-tu prendre le fétiche ? interroge le roi.

Si l'accusé répond négativement, la cause est entendue ; il s'est condamné lui-même puisqu'il n'ose pas affronter le jugement de Dieu.

Dans le cas contraire, on lui désigne un verre plein d'un liquide incolore.

— Bois, dit le roi, et que le fétiche fasse connaître sa volonté !

Ou bien l'homme tombe foudroyé par le poison : le dieu a parlé et il ne reste plus qu'à enfouir le cadavre dans quelque coin et à appeler une autre affaire; — ou bien il ne ressent, après avoir bu, aucune incommodité : c'est la démonstration éclatante de son innocence. On se hâte de le remettre en liberté après l'avoir vivement congratulé.

Le jugement par le Cheval de bois est invoqué seulement lorsque le crime est insigne et que des soupçons planent sur un grand nombre d'hommes appartenant à une classe élevée.

La scène est beaucoup plus solennelle et le peuple est convié. Elle a lieu dans la grande cour de Bécon. Tous les gens arrêtés à propos de l'affaire sont amenés et on les place en demi-cercle, assez distants l'un de l'autre, regardant le canapé à la Récamier qui tient lieu d'estrade. Ces dispositions prises, on va chercher le cheval dans l'endroit où il est remisé et on le porte au milieu du cercle. Ce Cheval de bois a été sculpté par un artiste indigène qui en a fait une bête d'Apocalypse. Il lui a donné des formes et une attitude singulièrement étranges en leur fantaisie anatomique ; le peintre est alors intervenu et n'a pas peu contribué à le rendre original, car je crois qu'on ne vit jamais ailleurs, si ce n'est dans le pays des rêves et dans les tableaux impressionnistes, un cheval rose. Son encolure et sa queue sont articulées, et ses flancs, un peu disproportionnés avec la hauteur de ses jambes, sont assez vastes pour qu'un homme puisse s'y loger. Un féticheur y prend place et saisit les ficelles qui font mouvoir cette tête et cette queue.

Après avoir invoqué les vagues divinités de la mythologie nationale, le roi supplie le fétiche d'avoir pour agréable de désigner quel est celui ou quels sont ceux sur qui le bras de la justice des hommes doit s'étendre et s'appesantir. On voit alors la tête du cheval se mouvoir lentement, passer en revue le front de bandière des accusés, puis s'arrêter devant un individu, comme fait la lancette d'acier du tourniquet, dans les foires, au jeu des macarons. L'homme ainsi désigné se trouble, se met à trembler, se jette à genoux et *confesse son crime* en poussant des gémissements. La tête du cheval recommence cette opération jusqu'à ce que la queue indique, par un mouvement de gauche à droite, que tous les coupables ont été découverts et que la séance est levée.

On m'a assuré que le Cheval de bois ne se trompe jamais. Ce phénomène est explicable par l'esprit de superstition qui anime les gens du Dahomey. Tout en faisant mouvoir la tête du cheval, le féticheur blotti dans ses flancs observe avec soin les visages : un tressaillement, un imperceptible mouvement, lui révèlent le coupable ; il peut alors jouer sans risques sa petite comédie. Les autres féticheurs l'aident à réussir ce tour de passe-passe qui devient de plus en plus facile à mesure qu'il se renouvelle davantage, car chaque expérience avive la foi des fidèles et, par conséquent, augmente l'appréhension des coupables à venir.

Comme on le voit, les arrêts de Toffa, pour

sévères qu'ils soient, ont le grand mérite d'être consciencieux. N'est-ce point, de la part d'un tribunal, donner au public une rare et précieuse garantie de bonne justice que d'appeler, dans les cas douteux ou difficiles, les dieux à son aide ?

Le palais de Bécon, à la fois tribunal et temple où se garde le culte des antiques coutumes, n'est pas une banale demeure, et si le roi Toffa nous apparaît, en raison de ses puérilités vestimentaires, comme un souverain d'opérette, nous aurions grand tort de ne pas lui reconnaître du tact et du bon sens et d'oublier les services très réels qu'il nous a rendus, l'attachement véritable qu'il nous porte et la docilité intelligente avec laquelle il suit nos conseils.

Il mérite qu'après avoir visité avec lui son palais et admiré ses collections, nous lui serrions la main cordialement comme à un ami de notre pays.

Pendant qu'il nous reconduit dans son antichambre et que nous échangeons les congratulations du départ, nous apercevons ministres et courtisans qui se précipitent vers la table, avalent d'un trait ce que nous avons laissé dans nos coupes et vident goulûment les flacons entamés.

Faut-il donc, hélas, que partout et toujours, quelle que soit la température et quelle que soit la forme du gouvernement, les gens en place soient séduits par l'attrait du pot de vin !

.˙.

Toffa n'a pas étudié les ouvrages traitant de la civilité, il ignore jusqu'à l'existence du décret de messidor, et jamais il n'a eu l'honneur de conférer avec MM. Crozier et Mollard, mais il possède une politesse instinctive, une courtoisie naturelle d'homme de grande race, qui tient lieu de ce qu'on enseigne aux personnes qui désirent être « du monde ».

C'est pourquoi, dès le lendemain du jour où on a été lui faire visite, on est sûr de voir arriver chez soi un jeune « larry » en pagne blanc, coiffé à la mode des gens de qualité, c'est-à-dire les cheveux séparés en plusieurs tresses qui sont ensuite relevées sur la tête et réunies en forme de tiare ou de couronne fermée. Après s'être incliné profondément, il tire d'une gaine en peau de daim la canne royale à pomme d'or que j'ai décrite et vous l'offre. Il prend alors la parole.

— Le roi, dit-il, l'a chargé de s'enquérir des nouvelles de votre santé, de vous transmettre ses compliments et de lui rapporter les choses que vous jugeriez convenable de lui faire savoir.

Vous répondez, et l'entretien s'engage. Quand vous trouvez que cette conversation a assez duré, vous rendez la canne au larry qui la réintègre respectueusement dans l'enveloppe de cuir, salue et s'en va.

L'usage de se faire représenter par un porte-canne est commun à tout le Dahomey et aux pays limitrophes. Il me paraît, quant à moi, fort ingénieux. Chaque roi, chaque grand chef, possède comme insigne de sa dignité un bâton d'une forme très spéciale dont les ornements et les sculptures tenant lieu d'armoiries ont été exécutés au moment de son avènement, suivant sa fantaisie et ses moyens. C'est un sceptre et c'est un emblème qui a la vertu de substituer, en quelque sorte, la personnalité de celui auquel on l'a confié à la personnalité du prince lui-même et de lui déléguer temporairement le pouvoir de parler et d'agir avec une autorité égale à celle du maître.

Il signifie : « Écoutez cet homme comme s'il avait ma voix, obéissez-lui comme si j'ordonnais. »

La canne a donc une efficacité supérieure à une lettre de créance et le récadaire qui a l'honneur de la porter est mieux qu'un ambassadeur, car on ne peut pas plus le désavouer qu'on ne désavouerait un phonographe.

Souvent le gouverneur reçoit des porte-canne qui viennent de très loin pour traiter d'affaires importantes, lui exposer des demandes ou des réclamations, solliciter sa protection ou lui donner des renseignements confidentiels, parfois lui présenter des hommages et des promesses d'amitié de la part des rois dont les territoires sont situés au-delà de nos frontières. Il sait qu'il peut leur répondre en toute sécurité et que ses paroles seront fidèlement transmises sans qu'aucune indiscrétion soit jamais à redouter. Cette méthode, qui consiste à remplacer le message écrit par le dialogue verbal, épargne beaucoup de temps, beaucoup d'encre, et offre, sur la correspondance, des avantages énormes au point de vue des résultats pratiques, puisque les questions et les réponses, les objections et les répliques, peuvent s'échanger en l'espace d'une demi-heure.

Il y a bien d'autres cas où la canne royale fait office de baguette magique. Exemple : Vous êtes en voyage et vous vous êtes aventuré sans escorte dans une région encore peu fréquentée par l'Européen; vous courez le risque d'être reçu, non seulement avec défiance, mais peut-être avec hostilité et vous vous rendez compte que le moindre incident, la plus petite maladresse vous mettra en péril sérieux. obtenez que le roi ou le chef vous fasse accompagner par son porte-canne, et cela suffira pour que toutes les cases vous soient ouvertes, pour que tous les sourires vous accueillent, enfin pour que vous soyez considéré comme un ami, au lieu d'être regardé de travers comme un suspect.

Que voilà une belle invention et combien supérieure aux notes diplomatiques, aux passeports et aux feuilles de route ! On ne peut pas s'empêcher de faire cette réflexion qu'il y a dans l'étalage de Verdier de quoi supprimer, si on le voulait bien, le *Foreign Office* de plusieurs pays avec cartons, cire à cacheter et garçons de bureaux.

XVI

On sait que les monarques, forcés par leur profession de consacrer une notable partie de leur temps, soit à donner des audiences, tant solennelles que privées, soit à offrir des dîners de gala, des bals et des fêtes, ne sortent guère de leurs palais. Ils ne se prodiguent point en dehors de chez eux, et on les voit très rarement accepter des réciprocités de politesses sous forme de festins, raouts et concerts.

Faut-il attribuer cette réserve à l'unique souci de ne pas occasionner aux particuliers dont les salons seraient honorés de leur présence un surcroît de gêne et de frais onéreux ? Leur abstention est-elle inspirée par un pur sentiment de délicatesse ? On s'illusionnerait beaucoup, je crois, en le supposant, et, quant à moi, je suis convaincu que si les souverains vont très peu dans le monde, c'est tout bonnement parce que le monde ne leur procure aucun agrément. Et, en effet, les infortunés, victimes du protocole impitoyable, demeurent nécessairement étrangers à tout ce qui fait le charme des réunions dont je parle. Ils ne peuvent, les pauvres, circuler librement, comme vous et moi, dans les salons fleuris; ils ignorent le plaisir de causer sous la protection discrète d'un éventail parfumé, de flirter et de potiner à l'abri d'un massif de camélias ou d'un rempart d'habits noirs; ils ne connaissent pas la jouissance d'observer à l'aise, blottis dans un coin, les petites comédies, voire les drames intimes, qui se jouent, le sourire aux lèvres, parmi le frou-frou des toilettes, les allées et venues des blanches épaulettes constellées de pierreries et le bourdonnant murmure d'une foule élégante.

Certes, tous les chefs d'États ne sont pas aussi étroitement prisonniers de leur grandeur que l'empereur de la Chine; mais aucun ne saurait se dérober à ses exigences, pas même ceux dont la peau est couleur de cirage, dont le sceptre est un morceau de bambou, et qui règnent sur des hommes peu vêtus, coiffés de plumes, armés de flèches et logeant dans des huttes. Que dis-je? nulle part les règles de l'étiquette ne sont plus impérieuses et plus rigides que chez ces peuples primitifs, aux yeux desquels elles revêtent un caractère religieux. Violer les antiques usages, contrevenir aux traditionnelles coutumes, c'est offenser les dieux, irriter les génies malfaisants, provoquer la vengeance céleste. On conviendra que ce sont là des risques autrement graves à courir que de froisser les susceptibilités du formalisme diplomatique et de contrister l'introduction des ambassadeurs.

Quant au roi de Porto-Novo, non seulement les rites lui défendent de passer la nuit hors des frontières de son territoire, mais encore ils lui interdisent formellement de quitter sa demeure après le coucher du soleil. En se rendant une fois par an, le soir du 14 juillet, à l'hôtel du Gouvernement, ainsi que je l'ai raconté, le roi donne un croc-en-jambe à la règle, et cette sortie exceptionnelle est une concession que l'orthodoxie a faite de fort mauvaise grâce aux nécessités de la politique et aux obligations impérieuses créées par un état de choses nouveau.

Pourquoi donc, à l'heure où les ténèbres descendent sur la terre pour entourer d'un mystère discret les frasques des simples citoyens et protéger l'incognito des monarques, pourquoi Toffa, au lieu de courir le guilledou, ferme-t-il les portes de son palais et reste-t-il sagement à discourir parmi ses quatre cents femmes et ses confidents favoris, jusqu'à ce que le sommeil effleure de l'aile sa girouette et secoue des pavots sur son toit ?

Parce qu'il pourrait croiser en chemin le redoutable propriétaire de cette maison blanche, située sur un petit promontoire et la première aperçue par nous, de la lagune, en arrivant à Porto-Novo : je veux parler du Roi de la Nuit, représentant des génies malfaisants et des puissances infernales, souverain d'un empire intangible et de sujets aux corps fluidiques, sylphes, gnomes et lutins. Or si les deux rois, celui du Jour et celui de la Nuit, se trouvaient en présence, ils encourraient inévitablement la colère divine dont les effets se traduiraient par la mort de l'un ou de l'autre, suivant que la rencontre aurait lieu au crépuscule ou à l'aube naissante. Jugeant qu'on a trop souvent l'occasion d'offenser les dieux sans le faire exprès pour s'exposer de gaîté de cœur à les irriter par des bravades, Toffa, dès son avénement, décida qu'il se coucherait de bonne heure et que tout son peuple en ferait autant ; il montra même quelque sévérité dans l'application de cette mesure, ce qui lui permit de se débarrasser de bon nombre de ses parents surpris en flagrant délit de promenades nocturnes. Il donna, d'ailleurs, l'exemple du respect le plus scrupuleux envers ses propres ordonnances et mit en échec cet adage impertinent, à savoir que la loi n'est pas faite pour ceux qui sont chargés de l'exécuter.

Le grand féticheur de la nuit eut donc le champ libre. Ses manifestations, effrayantes seulement pour les grands enfants peureux que sont les noirs, se sont d'ailleurs toujours bornées à parcourir les rues de Porto-Novo en compagnie de féticheurs subalternes qui chantaient, hurlaient à la lune et agitaient leurs sonnettes. Comme on le voit, c'était bien naïf et il fallait posséder une bien forte dose de superstition pour pouvoir prendre au sérieux, dans son rôle d'épouvantail, ce pauvre croque-mitaine. Son influence, pourtant, devint considérable, en même temps que très funeste, comme celle de tout individu qui joue du surnaturel et de l'occultisme.

Cette influence et ce prestige ont reçu tout récemment un coup terrible, grâce à un acte audacieux exécuté par Toffa.

Notre ami ayant été avisé que le Roi de la Nuit avait interrogé les puissances des Ténèbres sur la question de savoir si le souverain actuel de Porto-Novo devait continuer à régner plus longtemps et que les dites puissances des Ténèbres avaient répondu dans un sens négatif, notre ami, dis-je, fit la grimace. Il sentit courir dans ses moelles le désagréable frisson qui secoue toute personne à laquelle on donne cet avis :

« Vous savez qu'on est en train de chercher les moyens les plus pratiques pour introduire dans votre régime alimentaire de l'arsenic à dose convenable et de la mort aux rats habilement dissimulée ? »

Judicieusement, il pensa qu'on ne doit pas craindre, parfois, d'aller à la montagne afin d'empêcher cette dernière de se déranger en allant à vous, et que mieux vaudrait, risque pour risque, tenter un coup d'État que de renoncer à toute nourriture par crainte du poison. L'audace de Toffa comptait la peur parmi ses éléments essentiels.

.·.

Il assembla donc en un conseil secret ses plus fidèles serviteurs, c'est-à-dire tous ceux qui étaient intéressés à voir se prolonger le plus tard possible sa propre existence et, avec elle, les faveurs, privilèges et avantages divers dont ils jouissaient. Tous tombèrent d'accord sur la nécessité d'empêcher à tout prix le Roi de la Nuit d'accomplir, avec l'aide des mauvais génies, ses projets sinistres. On discuta ensuite les moyens d'exécution, qu'il importait de choisir avec sagacité, de façon à ne pas violer les coutumes et à ne pas mécontenter les fétiches. Arrêter le Roi de la Nuit pendant que les étoiles brillent au firmament, c'était déchaîner toute la bande de Pluton ; mais à l'aurore, le grand féticheur d'Adjassin redevenait un homme semblable aux autres hommes et son pouvoir s'était évanoui comme les brouillards nocturnes de la lagune. C'est pourquoi on résolut de profiter de ce qu'il se relâchait lui-même des anciennes traditions, attendant souvent, pour rentrer chez lui, que les boutiques fussent ouvertes, au lieu de regagner, comme jadis, furtivement son domicile en même temps que les fauves se cachent dans leurs tanières et les cerfs dans leurs gîtes.

Deux jours après, le Roi de la Nuit fut cueilli, vers sept heures du matin, au moment où, suivi d'un esclave qui portait une caisse de genièvre, il allait, en bon bourgeois, franchir son seuil. On le garotta soigneusement, on le plaça dans un hamac et on le conduisit au pas de course dans la prison de Toffa, qui ressemble beaucoup plus à un charnier qu'à Sainte-Pélagie.

La nouvelle se répandit aussitôt. Elle produisit une vive émotion parmi les féticheurs. On venait d'attenter aux privilèges de la corporation, et tous les « chers camarades » se sentirent d'abord touchés directement. Mais l'affaire avait réussi, le peuple semblait plutôt satisfait que mécontent et, en somme, Toffa tenait le côté du manche. Ces considérations modifièrent les opinions d'un grand nombre de féticheurs dont beaucoup, dans le fond, étaient jaloux de la situation prépondérante du Roi de la Nuit. Il y eut donc division, conflit, les uns prenant parti pour Toffa, les autres pour le grand féticheur. Je dois dire que les courtisans du malheur se trouvèrent en minorité, selon l'usage.

Ces derniers réclamèrent, en faveur du prisonnier, la protection des autorités françaises, tandis que Toffa revendiquait, auprès de ces mêmes autorités, et en s'appuyant sur la charte du protectorat, le droit de régler les choses à sa façon, c'est-à-dire de faire tomber *coram populo* la tête de son ennemi.

Le cas était embarrassant, car si nous ne pouvions souffrir que l'on fît mourir un homme sur un soupçon d'envoûtement, de l'autre, nous ne pouvions contester à Toffa le droit de juger ses nationaux suivant les lois et coutumes du pays, et, surtout, nous ne pouvions pas lui infliger un échec vis-à-vis de cette détestable secte des féticheurs, si ennemie de notre domination, si hostile au progrès. Il fallait donc avoir recours à la diplomatie, dont j'expliquais tout à l'heure l'intervention incessante dans les pays de protectorat, afin de décider Toffa à renoncer de lui-même à ses projets sanguinaires. On devait obtenir qu'il renouvelât la scène d'Auguste et de Cinna, si peu compatible avec les idées et les sentiments reçus chez les nègres : ce n'était pas très facile. Notre représentant à Porto-Novo y réussit néanmoins et prouva en cette circonstance quel ascendant moral il avait su prendre sur l'esprit du roi. Il persuada à celui-ci que la meilleure façon de montrer au monde entier sa puissance serait de prouver avec quel mépris il traitait son adversaire ; supprimer son ennemi, c'est encore témoigner qu'on le redoute, mais lui faire grâce, lui jeter quelques années de vie qu'on tient dans sa main comme une aumône, n'est-ce point l'accabler sous le dédain ? Il ajouta qu'un pareil acte de magnanimité élèverait le roi de Porto-Novo très au-dessus des autres rois indigènes, l'égalerait à des rois blancs et serait considéré par le grand roi des Français comme une démonstration d'amitié.

Ce dernier argument toucha beaucoup Toffa.

« — Eh bien, soit ! dit-il, j'y consens ; la vie d'un misérable ne saurait être mise en balance avec l'amitié de la France et de son grand roi. Je n'userai pas des droits que j'ai de tuer l'homme qui a voulu me tuer et je t'engage ma parole qu'il ne lui sera fait aucun mal. Permets-moi cependant de solliciter de toi une chose : c'est que tu me laisseras l'initiative de la mesure et que tu refuseras d'accorder l'intervention qu'on a déjà réclamée de toi. Si tu agissais autrement, tu paraîtrais me blâmer et je serais désormais sans force et sans pouvoir.»

Le résident remercia Toffa de son empressement à suivre ses conseils et, très volontiers, souscrivit à la condition très raisonnable que celui-ci indiquait. Tous deux convinrent que les féticheurs seraient convoqués au gouvernement, qu'on y amènerait le prisonnier et que les deux partis entendus, le résident les renverrait dos à dos, se déclarant incompétent.

Ainsi fut fait, et je me souviens encore du tableau pittoresque et intéressant que présentait la vaste cour sablée que ferme une méchante grille en fonte.

Tous les féticheurs de Porto-Novo et des environs étaient là en grand costume, séparés en deux groupes inégaux : les partisans du vainqueur et ceux du vaincu. Au milieu, gardé par quatre « larrys », un homme déjà vieux, dont le visage me parut remarquable par deux choses caractéristiques : un nez droit et une barbe grise assez longue qui lui donnaient une figure de patriarche bien en harmonie avec sa taille élevée et sa maigreur ascétique. Son pagne mal drapé, déchiré, souillé de poussière, — celui, sans doute, qu'il portait au moment de son arrestation, — laissait découverte l'une de ses épaules osseuses et une partie de son torse où les côtes faisaient saillie. C'est ainsi que m'apparut le Roi de la Nuit dont je m'étais promis de faire la connaissance.

Son attitude était digne, mais ses traits tirés et l'expression inquiète de ses yeux ardents trahissaient une vive anxiété. Il regardait fixement devant lui, semblant ne pas entendre les dialogues bruyants qui s'échangeaient avec volubilité et sur un ton haut et irrité entre les deux groupes de féticheurs.

Dès qu'on vit le résident s'avancer suivi de son secrétaire et de son interprète, le silence se rétablit aussitôt.

Le Roi de la Nuit laissa glisser son pagne et, dans un geste de prière, joignit les mains :

— O toi, s'écria-t-il en s'adressant au fonctionnaire, toi, chef des blancs qui sont venus dans ce pays pour le délivrer de la domination du Dahomey, pour lui apporter la paix et la justice, sauve-moi, ne me laisse pas mourir injustement, ne permets pas qu'on me fasse subir les supplices qui me sont réservés ! Je t'implore, je me mets sous ta protection. Juge-moi toi-même, écoute mes accusateurs, écoute aussi ma défense et, si tu me trouves coupable, punis-moi suivant tes lois et tes coutumes !

En prononçant ces derniers mots, il courut, sans que ses gardiens eussent le temps de l'en empêcher, vers le mât où flottait le pavillon et le tint étroitement embrassé.

Tous les féticheurs qui lui étaient restés fidèles se jetèrent à genoux, levant les bras, tandis que les autres demeurèrent debout sans rien dire.

Vraiment, cette scène était fort empoignante et nous ne pouvions nous empêcher d'être très remués par l'action spontanée de ce vieillard allant demander aide et secours suprêmes à l'emblème qui personnifie la France.

Aussi, fut-ce d'une voix altérée que le résident, fidèle à sa promesse, répondit qu'il ne pouvait accepter de juger une cause de ce genre, mais qu'il avait pleine confiance dans l'équité du roi.

Nous éprouvâmes une sorte de déchirement douloureux lorsqu'il fallut arracher le Roi de la Nuit au mât de pavillon où il se cramponnait. Le résident était très pâle et avait les larmes aux yeux. Cela dura deux ou trois minutes, très longues ; le malheureux féticheur poussait des cris lamentables, désespérés, des espèces de hurlements de bête qui meurt ; c'était atroce. Puis il se roula par terre et on dut l'emporter de force. J'ai assisté à beaucoup d'exécutions capitales ; aucune ne m'a impressionné autant que la vue de cet homme enlacé à la hampe de notre drapeau et dont on dénouait violemment les bras ; et pourtant, je savais qu'il ne courait aucun risque.

En même temps qu'on emmenait le Roi de la Nuit criant et pleurant, le résident dépêchait son secrétaire et son interprète à Toffa. Le résultat de ce message, qui était un ordre, fut celui-ci :

Au matin, on vint prendre le Roi de la Nuit dans sa prison. Désormais résigné à tout, il suivit ses gardiens sans résistance, pensant qu'il allait au supplice. On le conduisit au bord de la lagune, et grande fut sa surprise d'y voir embossée une pirogue tout armée dans laquelle avait pris place l'interprète du gouverneur. Cette surprise se changea en stupéfaction quand on lui enleva ses chaînes et qu'il entendit sortir de la bouche d'un larry ces paroles extraordinaires pour des oreilles africaines :

« Le roi te fait grâce non seulement de la vie, mais encore de la prison, à cette condition expresse que jamais tu ne reparaîtras sur son territoire. On va te conduire en pays anglais. Là, tu seras libre. »

C'est ainsi que, pour la première fois de sa vie, le roi de Porto-Novo a pu savourer la jouissance qu'éprouve l'honnête homme à rendre le bien pour le mal et à pardonner les offenses.

Une aussi noble conduite lui a valu de grandes sympathies, et j'aime à croire que personne, désormais, ne songera plus à donner du « mauvais café » à un aussi bon roi.

XVII

— Combien as-tu d'enfants? demandai-je un jour à Toffa.

Ce souverain me regarda avec une nuance d'étonnement, trouvant sans doute ma question saugrenue et se disant, je suppose : « Comment peut-on avoir l'idée de calculer ces choses-là? »

Il eut un geste vague et répondit :

— Tout ce que je crois savoir, c'est que j'ai environ cinquante fils *aînés*.

Cinquante *aînés*, voilà qui représente pas mal de cadets et indique une famille vivace. Notez que je ne parle que des enfants mâles; il serait impossible de chercher à dénombrer les filles qui n'entrent pas en ligne de compte dans les calculs.

Le roi a près de cinq cents femmes; je parlerais plus exactement en disant qu'il nourrit ce chiffre d'épouses ou concubines, — distinction très subtile, — car, en principe, toutes les femmes du royaume lui appartiennent.

Mais trois ou quatre seulement peuvent revendiquer le titre de favorites. Ce n'est pas à leurs charmes ni à leur jeunesse qu'elles doivent ce privilège, mais à leurs talents culinaires et surtout à l'absolue probité qu'elles apportent dans l'exercice de cette profession de cordon bleu; ce sont des matrones aussi expertes que Locuste, — mais pour le bon motif, — en toxicologie et capables de découvrir les poisons les mieux dissimulés.

Les autres sont des esclaves, quelques-unes seulement des princesses. Et à ce propos, je mentionnerai cette singularité: l'héritier est toujours le fils d'une esclave, jamais d'une princesse.

On m'a donné de cet usage une explication

que je crois exacte, car je l'ai vérifiée, et que je voudrais reproduire, car elle est curieuse. Seulement, voilà. J'éprouve, à la formuler en termes tout à faits décents, quelque embarras On m'a dit que j'y parviendrais peut-être en retournant sept fois ma plume entre mes doigts. Essayons.

Les princesses de là-bas possèdent, par droit de naissance, un privilège assez bizarre et dont elles usent, paraît-il, avec une certaine prodigalité : c'est de pouvoir obéir à toutes les impulsions de leur cœur, sans que personne trouve cela plus choquant que de voir un papillon voltiger de fleur en fleur. Ces princesses habitent des petites tours de Nesles dont la morale ne franchit pas le seuil : on leur reconnaît le droit au Tzigane. Leurs voyages sur la rivière du Tendre sont en général de peu de durée, mais elles les renouvellent fréquemment, et jamais dans le même bateau. A de certains moments et dans certaines circonstances qui se définissent d'elles-mêmes, un pareil éclectisme peut avoir des inconvénients sérieux. Embrouiller les billets d'une loterie rend impossible l'attribution des lots.

Tout au contraire, les femmes esclaves s'exposeraient aux plus cruels supplices si elles avaient l'imprudence de laisser tomber autour d'elles les plus innocents, les plus indifférents, les plus furtifs des regards. Aucune n'ignore que le flirt attire le bourreau comme l'aimant attire le fer et, les choses étant ainsi, le jeu n'en vaut pas la chandelle. Aussi, jamais leur pensée ne vagabonde en dehors du foyer conjugal. Ces femmes, toute leur vie, cueillent leurs bouquets sur le même rosier et les offrent d'un cœur pur sur l'autel de l'hymen. Les princes qui naissent d'elles sentent couler dans leurs veines un sang généreux, le sang ancestral pur et sans coupages.

Choisir parmi ces derniers l'héritier présomptif est, par conséquent, un acte de haute sagesse et d'intelligente précaution.

C'est en vertu d'un principe non moins sage et non moins prévoyant que le rôle de dauphin a été distribué en double aux princes Dossou et Ajiki, dans le but de parer aux coups du sort toujours à craindre, aux envoûtements fétichistes toujours possibles, aux poisons toujours prêts à circuler.

J'ai dit plus haut, en rappelant un de mes entretiens avec Toffa, que le monarque, soucieux de donner à ses successeurs éventuels une leçon de choses qui fut de nature à graver dans leur âme les sentiments dont il est animé lui-même vis à vis de la France, les envoya passer une saison dans notre pays.

Cet évènement, qui causa une profonde sensation non seulement dans la cour Porto-Novienne, mais parmi les gens de race Nagote, et qui prendra dans les traditions populaires une place importante, mérite qu'on lui consacre quelques lignes.

Les jeunes princes se mirent en route au commencement de l'été. Ils étaient accompagnés de son Excellence le Larry Hazoumé-Alomavo, premier ministre, servant de mentor, d'un ancien sergent des tirailleurs Haoussas, nommé Jagou, servant d'aide de camp, et d'un petit page, ou groom — comme on voudra —, répondant au nom de Zizi. Un interprète leur fut adjoint, car la langue Dahoméenne n'étant pas extrêmement répandue en France, les touristes, sans son aide, eussent risqué de se faire difficilement comprendre. J'oubliais d'ajouter que la forte somme, si insdispensable à la réussite des entreprises humaines, était représentée par une cassette aux flancs assez respectables, pleine de bonnes livres sterling faisant prime.

Après avoir donné à son conseiller toutes ses instructions, après avoir béni les deux princes et vidé quelques coupes en leur honneur, le roi tint à les accompagner jusqu'au port de Cotonou. De l'extrémité du Wharf, il les vit avec une profonde émotion, que ceux-ci partageaient largement, gravir l'échelle du « Stamboul » au pied de laquelle un canot les avait accostés. Si l'on songe qu'aux yeux d'un roi Dahoméen c'est une affaire capitale que de mettre le pied sur une embarcation quelconque pour passer d'une rive à l'autre d'un fleuve, on s'imaginera les proportions que prenait cet acte, pour nous si simple : monter à bord d'un paquebot afin de naviguer pendant trois semaines.

La traversée s'accomplit sans incidents, par une mer très calme. Du reste, les princes et leur suite s'étaient vite amarinés; ils avaient même si bien pris goût à la cuisine du bord, qu'une bonne partie de leur temps se passait à table. Aussi, leurs joues étaient-elles très rondes et toutes leurs performances excellentes lorsque le navire mouilla en rade de Marseille, deux heures avant le départ du train rapide. Ils n'eurent que le temps d'endosser de magnifiques vêtements pseudo-orientaux achetés à Oran et de prendre place dans le sleeping-car ; ils y passèrent une nuit de transes très pénibles.

Un commis du ministère, personnifiant l'ensemble du gouvernement et du corps diplomatique, les attendait sur le quai de la gare. Il les reçut à la descente du wagon, puis s'empila avec eux dans l'intérieur d'un landau, tandis que Zizi grimpait sur le siège. D'un bon trot, l'équipage se dirigea vers l'avenue de l'Alma, faisant retourner les passants matineux et les petites modistes, et stoppa au bout d'une demi-heure devant un hôtel de mine correcte. Conduits tout ahuris dans les appartements qui leur étaient réservés, les princes et leur suite se hatèrent de s'étendre sur leurs descentes de lit et s'endormirent d'un sommeil de plomb.

⁂

On peut dire que le rêve commença pour eux au moment du réveil, car, dès cet instant, s'ouvrit une ère enchantée de joies insoupçonnées, d'éblouissements vertigineux, de sensations inouïes, de félicités paradisiaques.

Vraiment, quand on a vu, comme moi, Dossou, Ajiki et Hazoumé dans leur milieu habituel et normal, vêtus d'un modeste pagne blanc, mangeant avec leurs doigts, sans le secours d'une table ni d'une assiette, leur akassa national, fumant de vieilles pipes d'un sou devant leurs demeures rudimentaires, on a grand' peine, je vous assure, à se les imaginer reçus dans les ministères, voire, m'a-t-on affirmé, à l'Elysée, allant à l'Opéra, dînant au Café de la Paix, déambulant, un cigare Upmann au bec, sur l'asphalte du boulevard, photographiés en instantanés de face et de profil, portraiturés avec légendes biographiques et laudatives dans les périodiques illustrés, jouissant, en un mot, grâce au prestige de l'exotisme, d'une foule de choses très agréables que ne connaîtra jamais un bourgeois de la rue St-Denis.

Et pourtant, ce fut ainsi. Semblables aux baron de Gondremarck, nos moricauds s'en fourrèrent « jusque-là ». Coupons de loges, cartes d'entrées de toute espèce, et même — tant les femmes sont bizarres ! — billets doux fleurant la violette et le benjoin, plurent sur eux à la façon d'une manne délicieuse : c'était à qui leur offrirait gratis des divertissements de choix et des voluptés raffinées qu'on n'a pas facilement la possibilité d'acheter,

A ne rien céler, les soirées officielles furent ce qui les amusa le moins et nos théâtres nationaux les laissèrent assez froids ; je ne jurerais pas qu'au fond de l'âme ils aient trouvé l'audition de nos grandes œuvres lyriques plus intéressantes que celles des tams-tams des cérémonies fétichistes. Par contre, les cafés-concerts les ravirent et ils marquèrent, pour les ballets exécutés sur les scènes de genre et pour la chorégraphie fantaisiste, un goût très vif. Ces danseuses légères et souples qui, touchant à peine le sol de leurs petits pieds agiles, se mouvaient dans des apothéoses embrasées, leur firent l'illusion de fées réelles et vivantes, avec leurs courtes jupes pailletées dont les reflets aux nuances multiples chatoyaient sous les rayons étincelants de la lumière électrique. Ils ne se lassaient pas de ce spectacle magique.

Mais de toutes leurs satisfactions théâtrales, la plus complète leur fut donnée par le Nouveau-Cirque, non pas seulement à cause de la grâce des écuyères et des cabrioles comiques des clowns, mais parce qu'ils eurent la surprise tout à fait charmante de retrouver, en la personne d'un des principaux artistes de la troupe, connu sous le nom de Chocolat, un Dahoméen pur sang. Chocolat fit, en effet, ses débuts auprès de Béhanzin, dont il était l'esclave, et je suppose que c'est à la cour d'Abomey qu'il apprit à recevoir, avec une sérénité si divertissante, les gifles, coups de pieds et nazardes qui composent son répertoire. Je vous laisse à penser si nos voyageurs l'applaudirent avec enthousiasme et si leur patriotisme fut chatouillé, du côté de l'orgueil, par le succès de ce brave garçon et par la constatation de la situation brillante que ce dernier avait su se faire au sein de la société parisienne.

∴

Des séductions d'un ordre plus intime assaillirent les jeunes princes et leurs compagnons. L'idée ne leur vint pas un instant d'essayer de s'y soustraire. Quel homme, d'ailleurs, fût-il bonnetier, eût résisté aux épîtres que, chaque matin, l'interprète leur traduisait et qui les trouvaient tout disposés à s'enflammer? Qu'on se figure l'état d'âme de ces naïfs enfants de la brousse transportés sans transition dans les coulisses des petits théâtres, dans les promenoirs des music-halls, où ils étaient l'objet d'une curiosité doublement sympathique en raison de la couleur de leur peau et de celle de leur argent. Comment fussent-ils demeurés insensibles dans cette atmosphère capiteuse ? Eux aussi en avaient, de la curiosité !

Ce qui devait arriver se produisit donc.

Le huitième soir, aucun des Dahoméens ne rentra avenue de l'Alma. Dans le vestibule de l'hôtel, leurs clefs restèrent pendues tristement aux clous et les bougeoirs ne s'allumèrent point. On sourit d'abord, mais au bout de quarante-huit heures, on commença à s'inquiéter et la police fut avertie. Auraient-ils été victimes d'un attentat?

Sur ces entrefaites, une lettre parvint dans les régions officielles.

« Depuis avant hier, disait en substance

cette missive, mon établissement abrite deux noirs qui ne savent pas un mot de français, mais que la somptuosité de leur costume fait supposer devoir appartenir à la haute société de leur pays. Ces messieurs ont bu beaucoup de champagne et brisé pas mal de vaisselle. Les frais occasionnés par eux — sans tenir compte de dépenses spéciales sur lesquelles il ne convient pas ici d'insister — s'élèvent à 525 francs. Ne sachant à qui m'adresser pour le paiement de cette facture, j'ai pris la liberté, etc... »

Le chef de bureau qui ouvrit cette lettre, la lut, la relut, puis il sonna.

— Appelez Monsieur Bernard.

M. Bernard, l'employé de confiance, se présenta.

— Examinez donc cette affaire, Bernard. Voilà un galimatias auquel je ne comprends rien.

L'employé emporta la lettre et revint au bout d'un instant.

— Je crois que je sais ce dont il s'agit, monsieur le chef de bureau.

— Parlez, mon ami.

— Les deux nègres sont les princes Ajiki et Dossou qui ont disparu de leur domicile. Quant à l'établissement...

— Eh bien, quoi l'établissement ?

— Mon Dieu, monsieur le chef de bureau, je ne sais comment m'exprimer..... C'est un de ces endroits bien connus à Paris, mais que tout le monde a l'air d'ignorer.....

— Fort bien, je vous entends. Je vais demander des ordres à monsieur le directeur du personnel.

Et le chef de bureau confia au téléphone ce qui vient d'être rapporté.

Quand le colloque fut terminé :

— Voici ce qui a été convenu, dit le chef ; Vous allez passer aux fonds secrets où on vous remettra la somme de 525 francs, puis vous prendrez une voiture, vous irez payer la rançon des fils de Toffa et les ramènerez à leur logis.

— Bien monsieur.

L'employé disparut ; mais on aurait pu l'entendre grommeler en s'éloignant :

— Fichue commission ! en plein jour, c'est idiot, ma parole, c'est idiot.

Les princes retrouvés, le ministre Hazoumé, l'aide de camp Jagou et le page Zizi manquaient encore à l'appel.

On fut bientôt hors de peine en qui ce concerne Hazoumé. Son Excellence revint toute seule au bercail, après une petite villégiature dans le quartier de l'Europe, dont la fin coïncida avec l'épuisement de son argent de poche.

Quant à l'aide de camp, on le découvrit grâce à des papotages d'atelier de fleuriste, au sixième étage d'un modeste immeuble de la rue de Vaugirard. On le trouva occupé à prendre une tasse de café en compagnie de Jenny l'ouvrière qui achevait de lui broder un superbe bonnet grec, tout en lui donnant une leçon de français. On eut toutes les peines du monde à séparer ce gentil faux ménage. Jagou ne voulait plus entendre parler du Dahomey ni de son roi, et la fleuriste versait des torrents de larmes.

On pourrait philosopher sur la diversité de ces épilogues et y trouver une preuve nouvelle de ce phénomène, à savoir qu'on est d'autant moins aimé pour soi-même qu'on occupe un rang social plus élevé, loi psychique bien consolante pour qui n'est et ne sera jamais altesse royale ni même ministre. D'autre part, on pourrait tirer cette conclusion, intéressante pour les statisticiens, que les cœurs sont plus sensibles dans le VI° arrondissement, aux environs du Luxembourg, que dans le II°, près de la place Louvois et dans le VIII°, près de la rue de Berne.

Quoi qu'il en soit, on ne parvint pas à mettre la main sur Zizi, et comme, d'une part la cassette aux livres sterling se vidait, que, d'autre part, les premières froidures automnales, dangereuses pour des gens habitués à trente degrés de chaleur, commençaient à se faire sentir, force fut bien de plier bagage et de partir sans l'attendre.

Rassurez-vous, cependant. Quelques mois plus tard, ce même Zizi me servait à table sur les bords de l'Ouémé, chez un administrateur qui avait eu la courtoisie de me retenir à déjeuner.

— C'est moi qui l'ai ramené, me dit ce fonctionnaire. Figurez-vous que ce pauvre enfant était devenu « chasseur » dans un restaurant où un hasard, pour lui providentiel, m'avait conduit. Il est bien content de se retrouver dans son pays, loin de la neige et des frimas. N'est-ce pas Zizi que tu es bien content ?

— Oh oui, M'sieur le Résident !

Au dessert, M. B. se leva, afin d'aller dans sa chambre chercher une boîte de cigares.

Zizi profita de cet instant pour s'approcher de moi, et riant de toutes ses dents blanches :

— Tu sais, M'sieur, il t'a collé une craque, le Résident ! J'étais pas du tout chasseur dans un restaurant : j'étais boy chez une cocotte !

XVIII

Au cours de ce travail, et tout à l'heure encore, j'ai écrit plusieurs fois les mots esclaves, esclavage.

— Qu'est-ce à dire, pensera-t-on peut-être, et que doit-on conclure de cette sérénité à tracer de pareilles syllabes ? L'esclavage continuerait-il, par hasard, à fleurir au Dahomey, à notre nez et à notre barbe, dans un pays où le drapeau libérateur...

— Mon Dieu, ne vous emportez pas ! je vais vous répondre : l'esclavage existe sans exister, et quoiqu'il ait cessé d'être, il vit toujours.

Que si mon renseignement vous paraît manquer de netteté, permettez-moi de le préciser et vous verrez qu'il est exact.

Il importe, tout d'abord, de définir ce qu'on entend par esclavage.

Veut-on faire de ce vocable le synonyme d'exportation de chair humaine ? Oh ! en ce cas, je m'empresse d'affirmer joyeusement qu'il ne reste plus la moindre trace de telles barbaries, et que cet abominable commerce a pris fin en même temps que le règne de Béhanzin, et cela sans tentative possible de restauration quelconque, même subreptice et dissimulée.

Fait-on, au contraire, allusion à la servitude domestique ? Je n'hésite point, dans cette hypothèse, à déclarer — et je le fais sans une tristesse qui serait fausse — que ce genre d'esclavage est actuellement pratiqué et ne disparaîtra qu'avec les mœurs et l'état social auxquels il est étroitement lié. On lui donnera peut-être une étiquette mieux appropriée à notre snobisme philosophique, mais on n'est pas près de le détruire. J'ose ajouter qu'une telle nécessité n'apparaît pas clairement à qui se donne la peine de regarder les choses avec un peu d'attention et ne se gorge point de phrases toutes faites.

Ainsi le serf ne se doute pas qu'il n'est pas libre et l'homme libre n'apprécie pas les avantages du privilège qu'il possède. Pour l'un comme pour l'autre, la seule définition compréhensible de la liberté est celle-ci : le fait de pouvoir aller et venir sans être ni entravé, ni molesté ; et c'est ce dont tous deux peuvent également jouir.

Quant à l'idée qu'il soit humiliant d'appartenir à un chef, jamais, au grand jamais, elle n'est entrée dans leur tête. Je crois que le mot servage, tel que nous l'entendons, serait intraduisible dans les langues indigènes. La plupart du temps, l'esclave mange à côté de son maître [1]; celui-ci et celui-là se passent et partagent leurs poissons fumés. Aucune nuance

---

1. Excepté si ce maître est un roi, qui mange toujours seul.

ne marque une barrière quelconque entre l'homme libre et lui. J'ai trouvé beaucoup moins de distance sociale entre un roi et son esclave, qu'entre vous ou moi et notre valet de chambre, malgré que ce dernier soit citoyen, électeur et éligible.

A discuter ces questions au coin du feu, à l'aide de notre vocabulaire et des aphorismes puisés dans des livres, on risque fort de dire gravement des sottises et d'aboutir à des conclusions ridicules. J'ai été, pour mon compte, tellement frappé de voir quelles modifications subissent, en cours du voyage, les théories qu'on a emportées dans sa valise, que je me garde avec un soin jaloux de parler de choses que je n'ai pas vues ou de peuples au milieu desquels je n'ai pas vécu. Les déclamations faites « de chic » n'exigent pas grand effort, quoique leur succès soit assuré. Moins vulgaire — et moins profitable, hélas ! — est le procédé de ceux qui exposent des faits documentés et montrent la vérité telle qu'ils l'ont eux-mêmes tirée du puits. C'est précisément le respect de cette vérité qui m'engage à émettre la proposition suivante : on peut être un libéral très convaincu et très ardent sans pousser, cependant, des cris d'orfraie ou des soupirs à fendre l'âme devant cette constatation que le servage n'a pas disparu de certains pays noirs, et sans employer une éloquence redondante à obtenir que les pouvoirs publics suppriment étourdiment, d'un trait de plume, un ordre de choses très vieux reposant sur des traditions, sinon respectables, du moins respectées depuis des siècles.

XIX

Dépossédée de sa suzeraineté au profit de l'heureuse Porto-Novo, son ancienne vassale, la triste Abomey se voit réduite à la situation de ville de second ordre. Ses murailles démantelées portent le stigmate indélébile de la défaite suprême, ses rues sont presque désertes et beaucoup de ses maisons, restées vides, ne seront bientôt plus que des ruines. Au-dessus d'elle plane ce lourd marasme spécial aux cités devenues trop vastes pour le nombre de leurs habitants et dont les proportions, qui paraissent maintenant démesurées, attestent mélancoliquement la splendeur d'autrefois et l'actuelle décadence.

Dans un coin du palais immense de Sambodji, à moitié démoli, une ombre de roi se morfond, inconsolable de son impuissance, ruminant ses déceptions et se cramponnant à l'apparence de pouvoir qu'on lui a donné. J'ai déjà dit un mot de ce personnage peu sympathique dont la couronne — qu'on lui a tendue au bout d'une paire de pincettes — est le prix de la trahison.

Ago-li-Agbo, frère et ancien général des armées de Béhanzin, a livré ce dernier, lâchement, pour recueillir sa succession. Mais la justice immanente, qui s'occupe même des nègres, ne lui a laissé obtenir qu'un titre vain et qu'un simulacre de royauté. Il nous exècre et ne peut se passer de nous, car si la France lui retirait sa protection, il serait, le jour même, renvoyé par ses propres sujets à ses chères études : cruelle énigme ! C'est une mécanique toujours prête à se déclancher, qu'il faut manœuvrer d'une main solide et remonter très souvent.

Au physique aussi bien qu'au moral, Ago-li-Agbo est très loin de valoir son frère. Il est grand, mais trop gras, défaut extrêmement rare chez les nègres, sa démarche est lourde et disgracieuse, son profil n'a rien de grec et il exagère l'épatement du nez ainsi que l'épaisseur des lèvres. On ne saurait nier, cependant, qu'il ait un air de famille avec Béhanzin. Il lui ressemble à la façon d'une caricature. Sa peau, d'un grain très fin, a la même nuance bronzée, ses mains sont petites et bien faites, ses poignets et ses chevilles sont très minces. Il a une physionomie sournoise, mais point intelligente. Aucune noblesse, ni dans l'attitude, ni dans les manières.

Le roi d'Abomey ne sacrifie point, comme Toffa, au goût des broderies et il est resté fidèle au costume national : pagne et bonnet dahoméens. Le pagne est plus ou moins beau, suivant les circonstances, et, dans les occasions exceptionnelles, le bonnet grandit jusqu'à prendre les dimensions d'un casque en carton recouvert d'une étoffe pailletée et surmonté d'un panache de fantaisie.

Un détail amusant de sa toilette :

Dans le but de protéger ses vastes et royales narines contre les offenses de la poussière ou l'insolence des insectes qu'on aspire là-bas en cohortes serrées, il a imaginé de les munir de deux plaques en argent, percées de trous comme une écumoire ou comme une passoire de théière ; les plaques sont maintenues par des branches de lunettes qui s'accrochent aux oreilles. Cet ornement saugrenu donne à son visage un aspect étrange et comique ; on ne se rend pas très bien compte, au premier abord, si Ago-li-Agbo, semblable à quelque brave invalide, n'a pas un nez en argent.

Je n'ai pas besoin de dire qu'Ago-li-Agbo ne sort jamais à pied. Il ne sort pas davantage en hamac, trouvant ce mode de locomotion déplaisant et peu distingué, car maintenant il n'est pas de croquant qui ne se mêle de se faire porter. Il ne va qu'en voiture, et dans une voiture extrêmement remarquable, digne d'une description spéciale et dont on chercherait vainement le modèle dans les archives de la carrosserie ; ce n'est point un tilbury, ni un phaéton, ni un vulgaire landau traîné par des chevaux plus ou moins fringants, fi donc !

Figurez-vous un véhicule à quatre roues, ayant la forme d'un char romain, sans sièges ni banquettes par conséquent; arrondi par devant et disposé pour qu'un seul homme y prenne place, debout, dans l'attitude classique d'un imperator montant au Capitole, drapé dans sa toge et le front ceint de lauriers.

Le grand pagne blanc d'Ago-li-Agbo, rejeté sur l'épaule gauche et laissant découvert le bras droit, figure assez bien la toge. Malheureusement, les lauriers sont remplacés par le casque étonnant dont j'ai fait mention tout à l'heure, et ce casque a pour effet de changer d'une façon regrettable le triomphateur romain en une sorte de Mangin qu'on dirait engagé pour débiter aux foules des boîtes de savons du Congo, en même temps que les délicieux quatrains qui ont fait la fortune de ce produit oléagineux.

C'est un quadrige, va-t-on dire; quoi d'extraordinaire ? Attendez que je parle des coursiers, et vous verrez que cet équipage n'est pas un quadrige et qu'il est extraordinaire.

Ago-li-Agbo est appuyé sur sa canne et fume son éternel cigare. Il ne tient ni rênes ni fouet, et c'est d'un mot qu'il dirige l'attelage, qu'il accélère ou ralentit sa vitesse. Ah ! c'est qu'il est d'une intelligence peu commune, l'attelage d'Ago-li-Agbo ! Inutile d'ajouter qu'il n'est composé ni de chevaux, ni de bœufs, ni d'autruches. Il est composé d'hommes, et quels hommes ! pas des esclaves, ni des porteurs, ni des paysans : il est composé... de *ministres* ! Oui monsieur, oui madame, ce sont des ministres bien appareillés, — ce que j'appellerai un gouvernement homogène, — qui trottent, les uns au brancard, les autres en flèche, d'une même allure soutenue, — chose excellente de la part d'un ministère, — évitant les ornières, se gardant de cahoter l'Exécutif, tirant également et de bon cœur.

Je confesse volontiers ici que jusqu'au jour où, pour la première fois, je vis entrer dans la cour de ma maison le roi du Dahomey traîné par son cabinet responsable, j'avais mal apprécié la parabole fameuse de M. Joseph Prudhomme sur le Char de l'État. Alors seulement, j'en compris l'ingéniosité et la profondeur. Des horizons nouveaux se découvrirent à mes yeux et je crus entrevoir que l'ensemble dans la traction résolvait bien des problèmes.

Ago-li-Agbo me fit une courte visite, le temps de laisser souffler ses ministres. Il était venu m'inviter à assister à un grand tam-tam qui devait avoir lieu le lendemain. Je fus d'autant plus sensible à cette courtoisie, que les grands de la terre, — j'entends les souverains et les chefs d'État, — ne s'étaient pas encore dérangés pour me prier d'aller chez eux et, jamais, n'avaient manifesté, autrement que par l'envoi d'une carte imprimée, leur ardent désir de me voir sous leurs lambris. Si, tout à l'heure, j'ai dit quelque mal d'Ago-li-Agbo, l'impartialité me condamne de lui donner un bon point en cette circonstance. Certes, je professe pour lui peu d'estime, mais je ne rougis pas de déclarer que je lui dois une satisfaction d'amour-propre qui restera vraisemblablement isolée.

Je n'eus garde de manquer au rendez-vous donné dans la cour du vieux palais de Sambodji, la fameuse cour témoin des scènes sanglantes que je me suis efforcé de retracer.

Cette fois, on est tout à la joie, on va danser, chanter, rire et boire et il n'est plus question de sacrifices humains. On ne décapitera que des bouteilles et l'on n'éventrera que des tonneaux de tafia.

Deux ou trois mille personnes sont là, qui vont prendre part à la fête. Le roi s'avance à ma rencontre et me conduit sous une sorte de dais formé par d'immenses parasols rouges. Un siège semblable au sien m'avait été réservé à sa droite.

Aussitôt commence la cérémonie.

C'est d'abord le défilé des princesses du sang qui, après les génuflexions d'usage devant le roi, se prosternent une à une à mes pieds, et dévotement, déposent un baiser sur l'empeigne cirée de ma bottine. Ah ! voilà encore une chose qui ne m'adviendra plus jamais !

Puis ce sont des hymnes guerriers chantés par les hommes, des mélopées langoureuses chantées par les femmes. Mon interprète m'assure que ces morceaux, dont le texte a, dit-il, été composé par Ago-li-Agbo en personne, célèbrent les victoires françaises et proclament les charmes de notre administration. Moi, je veux bien.

Quand on a suffisamment chanté avec le larynx et avec le nez, les tams-tams vibrent, les sonnettes s'agitent, les ferrailles orchestrales s'entrechoquent, le tapage habituel se déchaîne et les danseurs se donnent carrière, rivalisant des contorsions et de grimaces. On me montre plusieurs anciennes amazones qui paraissent s'amuser comme des petites folles.

Au moment où le ballet « bat son plein », Ago-li-Agbo se lève subitement de son siège et s'avance au milieu des danseurs. C'est un honneur qu'il me fait, un honneur rare et précieux, réservé, m'assure encore l'interprète, aux personnages de marque. J'apprends ainsi avec plaisir que j'appartiens, *extra muros*, à cette catégorie.

Le roi esquisse un cavalier seul avec la grâce que mettrait un éléphant à danser une pavane. Tous les assistants poussent des acclamations tellement enthousiastes, qu'en regagnant sa place le pauvre simili-souverain peut se faire un instant illusion, croire que son peuple l'aime et que cette foule est sienne.

Les plus strictes convenances exigent que je lui rende sa politesse. Mais comme, d'une part, ma dignité d'Européen s'oppose à ce que je me donne en spectacle à des noirs et que, d'autre part, j'ai des aptitudes médiocres pour les gambades, je confie ma canne à mon interprète qui entre dans le cercle et danse en mon nom. Il s'en acquitte d'une façon distinguée qui me vaut, à moi, des applaudissements prolongés. Le roi me remercie et me félicite.

Vint enfin l'heure des libations. Je trinquai avec le roi et pris congé. Il voulait absolument me prêter sa voiture, mais je déclinai péremptoirement cette offre obligeante. C'était déjà beaucoup que mes chaussures fussent encore humides des baisers des princesses. Mais cela, c'eût été trop, je me serais senti gêné. Je laissai donc les ministres à l'écurie, — pardon, dans le palais, — et, pédestrement, modestement, je longeai, pour regagner mon domicile, les murailles de Sambodji dont la crête, autrefois, était garnie de crânes humains.

XX

Le royaume qu'est censé gouverner le successeur de Béhanzin a été amputé de sa plus riche province, celle d'Agony, qu'on a proclamée indépendante et à laquelle on a donné pour chef un indigène, nommé Dossou-Idéou, qui a été choisi par la population elle-même. Il est très intelligent, très influent et comme il était le leader de l'opposition, même au temps de la puissance des rois du Dahomey, son élévation a très fort meurtri le cœur d'Ago-li-Agbo : elle lui a montré que, décidément, les choses ont changé.

Dossou-Idéou a fait encadrer son brevet d'investiture et l'a fait clouer, non point dans sa chambre, à l'instar des anciens militaires qui accrochent au bel endroit leur certificat de bonne conduite, mais sur un poteau planté au milieu de la place du village, sa capitale [1], et surmonté d'un pavillon français. Il a pris l'habitude d'aller tous les matins, accompagné d'une petite escorte, saluer le poteau doublement symbolique et danser devant lui, pendant quelques minutes, en guise d'hommage, comme le fit, dit-on, le roi David devant l'Arche.

Voilà une coutume qui me semble excellente et que je prends la liberté de recommander à MM. les fonctionnaires de tous grades. Si, chaque matin, — cela ne leur prendrait pas grand temps ! — ils faisaient une courte prière devant un des exemplaires, plus ou moins richement encadrés, du *Journal officiel* contenant leur promotion ; si, par une oraison jaculatoire, ils remerciaient quotidiennement avec ferveur le gouvernement auquel ils doivent leur place, on les entendrait beaucoup plus rarement traiter leur ministère de « sale boîte » ou s'expri-

---

[1]. Le gros bourg de Sawé ; ce point ne tardera pas à être un centre commercial assez important.

mer sur le compte de leurs supérieurs hiérarchiques en termes irrespectueux qui choquent certaines oreilles.

Le chef d'Agony a une véritable cour, une cour démocratique, beaucoup d'épouses, et vit d'une façon presque aussi magnifique qu'un roi. Son hospitalité est large, d'une cordialité tout à fait charmante qui laisse fort loin derrière elle la courtoisie légendaire des montagnards écossais. Il prend au pied de la lettre la formule ibérique : « A la disposicion de usted », et il en pousse l'application jusqu'à ses plus extrêmes conséquences, jusqu'au delà des limites où s'arrêtent d'ordinaire les maris les moins égoïstes.

Je fis sa connaissance lorsque j'allai visiter le « tata » de Zagnanado (palais des sacrifices humains) qui est voisin de sa résidence et dont il est devenu en quelque sorte le conservateur. Il m'accabla d'amabilités.

— Sachant ta venue, me dit-il, j'ai désiré t'offrir un témoignage de sympathies et je souhaite que tu le tiennes pour agréable.

— Je t'en remercie par avance : qu'as-tu fait ?

— Je me suis marié hier soir en ton honneur, et voici ma nouvelle épouse.

En même temps, il me présentait une jeune négresse, pas trop laide, qui baissait les yeux, toute gênée qu'elle était, la pauvrette, de sa situation de victime offerte à mon intention sur l'hôtel d'Hymen, fils d'Apollon. Et vraiment elle avait des motifs d'être gênée, car la bizarre théogonie fétichiste m'attribuait, par ce seul fait du mariage célébré en mon honneur, des privilèges que mes principes qualifièrent aussitôt d'excessifs. Je me déclarai donc touché du procédé bienveillant de mon hôte, mais très nettement je déclarai que je m'en tiendrais à l'expression verbale de ma gratitude.

Ce fut donc avec un désintéressement absolu et, d'ailleurs peu méritoire, que je pris part aux fêtes qui allaient être données à l'occasion de ce mariage quasi royal.

Je constatai avec plaisir que loin de témoigner à la « nouvelle » un sentiment de jalousie quelconque, les dames du harem lui firent une entrée fort sympathique lorsqu'elle vint prendre place à la gauche de son mari, que je flanquais à droite, sur un des trois sièges réservés et protégés par les parasols classiques.

Cette absence complète de jalousie qu'on remarque parmi les femmes des rois et des grands chefs me semble très explicable et même très logique. Quand on n'est que deux à se partager une provende, on se dispute, et, de là, des faits divers déplorables, des drames intimes ; mais si l'on est deux cent cinquante autour d'une gamelle, il n'y a pas de raison pour faire grise mise à un deux cent cinquante-unième convive.

Désireux de payer mon écot et de ne point demeurer en reste de politesse, je m'étais muni d'un sac de beaux centimes tout neufs et reluisants comme de l'or. C'est une monnaie que les indigènes affectionnent : cinquante centimes leur font beaucoup plus d'effet qu'une pièce de dix sous et ils se croient mieux payés avec les uns qu'avec l'autre. Quand les danses furent entrain et que ces dames furent toutes réunies dans une farandole animée, je lançai en l'air des poignées de centimes qui retombèrent en une pluie gracieuse comme celle qui ravit Danaé. Mes largesses eurent beaucoup de succès ; elles provoquèrent d'amusantes et folles bousculades, d'unanimes et bruyants cris de joie et de grands éclats de rire.

Seule, la petite mariée, assise à nos côtés, ne pouvait prendre part aux divertissements. Elle aurait bien voulu, ses yeux le disaient, bondir, comme ses compagnes, pour essayer de saisir au vol mes centimes ou se précipiter à terre pour les ramasser. Mais l'étiquette la retenait immobile sous les parasols. Je l'en dédommageai en lui faisant cadeau d'une calebasse toute pleine de jolies piècettes. Aussi bien devais-je à l'honneur qu'on m'avait fait, d'offrir à la jeune femme un riche présent. Elle en fut très flattée et me sourit d'un air de jubilation. Dossou-Idéou parut, de son côté, très satisfait d'une générosité qui s'était alliée à un tact parfait et à une réserve de bon goût.

L'HÉRITAGE DE BÉHANZIN

La province d'Agony a été le théâtre des principaux épisodes de notre guerre avec le Dahomey. C'est sur son territoire que s'est jouée la dernière partie risquée par Béhanzin.

On ne saurait le quitter sans aller faire un pèlerinage aux champs de bataille arrosés du sang français.

Sous les palmiers verts, dans le silence des plaines solitaires, quelques pierres tombales attestent et rappellent les combats de jadis. Elles recouvrent les restes mortels des officiers qui furent enterrés à l'endroit même où ils périrent les armes à la main. Certes, aucun d'eux ne regretta, au moment suprême, le sacrifice noblement fait à la patrie, mais combien affreuse dut leur apparaître cette pensée que leurs corps seraient couchés si loin du clocher natal !

... et dulces, moriens, reminiscitur Argos.

Les Français habitant le Dahomey ont compris ce qu'il y a de douloureux pour les parents, les femmes et les enfants, à ne pouvoir aller pleurer et prier à côté des chères dépouilles ; ils n'ont pas voulu que ces modestes mausolées souffrissent trop de la séparation matérielle et fussent laissés à l'abandon. Ils leur ont voué un culte attendri, respectueux et fraternel, veillent sur eux avec sollicitude et, pieusement, les fleurissent aux anniversaires.

Le gouvernement local, entrant dans ces sentiments, a pris l'excellente initiative de fonder sous le nom d' « Œuvre des tombes » une association à laquelle il a convié tous les Français résidant à un titre quelconque dans la colonie : militaires, fonctionnaires, commerçants et colons.

Cette association a pour but d'entretenir, au moyen du produit de légères cotisations, les dalles funéraires sous lesquelles reposent nos morts, ceux qui ont succombé, tués par des balles, et ceux qui ont été victimes du terrible climat ; car tous ont donné leur vie pour le pays et pour la civilisation.

L'idée est vraiment belle et touchante. On

l'a mise à exécution très simplement et très discrètement, comme on remplit un devoir familial. J'aurais oublié quelque chose d'essentiel si je n'avais pas fait ici mention de cette œuvre intéressante dont le moindre mérite est de prouver que, malgré la névrose ambiante, nous gardons encore dans nos cœurs un peu de poésie et dans nos âmes un peu de mysticisme.

∴

Ce protectorat est limitrophe de celui d'Allada. Quand, après un trajet en hamac qui semble interminable, on vous dit : nous sommes arrivés, on regarde autour de soi et l'on ne voit tout d'abord qu'un gros arbre, une clairière et, dans un coin, quelques huttes. On assure que jadis Allada, capitale du royaume « d'Ardres », était une ville considérable. « Les anciens voyageurs, dit M. Foa, la dépeignent comme une ville immense et peuplée, entourée d'un territoire fertile et cultivé, et fortifiée d'une façon redoutable avec trente-deux pièces de canon appartenant au roi et aux compagnies de traite ».

Je crains que ces « anciens voyageurs » n'aient vu tout cela avec le verre très grossissant de leur imagination, car il ne reste plus aucune trace de ces choses gigantesques. La ville avec trente-deux canons n'est guère, pour le moment, qu'un point géographique indiqué par la présence d'un administateur. J'admire combien ce fonctionnaire doit posséder en lui-même de ressources intellectuelles pour être capable de passer des mois, et peut-être des ans, seul en face du gros arbre. Sa case, — quelle case, Seigneur! — était et doit être encore le rendez-vous général des moustiques, des rats, des vampires, des scorpions et des serpents; ces derniers fréquentent fort son lit et, volontiers, se logent sous ses couvertures. Chaque étranger que le hasard conduit en ces lieux éloignés est forcément l'hôte de l'administrateur, sous peine d'être obligé d'accrocher son hamac à des branches et de coucher en plein air, parfois sous les cataractes tombant des nuages.

Ces jours-là, on fait un « extra » à la résidence : on ouvre quelques boîtes de conserves et l'on dîne, confortablement assis sur un escabeau, autour d'une table faite d'une porte vermoulue et de quatre piquets. La plupart du temps, les conserves sont gâtées, le pain est fabriqué avec de la farine avariée. L'étranger mange du bout des dents et il considère avec un certain étonnement l'administrateur qui semble avoir très bon appétit et jouir de son « extra » avec l'entrain de quelqu'un qui, depuis longtemps, ne s'est pas trouvé à pareille fête.

Tout en se versant une rasade de vin de ration, un invraisemblable liquide violet, ce brave administrateur vous confie qu'il est enchanté de son sort.

— Tout marche comme sur des roulettes, la population nous est fort attachée, le roi d'Allada est d'une docilité complète, c'est une crème de roi.

— Une crème au chocolat.

— Si vous voulez. Toujours est-il qu'on ne saurait en trouver un meilleur. Et puis, cet arrondissement a un avenir énorme ; quand on aura tracé des routes, — j'ai déjà commencé —, quand on aura creusé une magnifique source que je vous montrerai demain matin, et fait les travaux de canalisation dont j'ai préparé tous les plans, alors certainement l'agriculture, un peu négligée jusqu'ici, se développera et des factoreries viendront s'installer. Je ne vous parle pas à la légère. Sachez qu'une vaste concession a été tout récemment accordée à un M. Z., qui se propose de fonder une colonie agricole et que, d'autre part, les représentants de trois grandes maisons de commerce sont venus tout récemment visiter la région ; ils sont partis enthousiasmés. Oh ! ce poste est bien intéressant !

— Vous désirez y rester ?

— C'est mon vœu le plus cher. Je demande qu'on m'y laisse tant que ma santé me permettra de m'occuper activement.

J'avoue que je me suis senti un être très égoïste à côté de cet administrateur, et beaucoup d'autres eussent fait le même retour sur eux-mêmes, tant nous sommes peu habitués à rencontrer des hommes assez embrasés par le patriotisme pour lui sacrifier entièrement les besoins modernes du bien-être et leurs convenances personnelles.

.·.

A quelque distance de la maison rustique où habite ce dévoué représentant de l'autorité, demeure le roi Gi-Gla. Nulle part, si ce n'est à Yvetot, on ne vit monarque plus débonnaire et de maintien plus modeste. Gi-Gla est un vieillard assez pauvre, sans prestige et qu'épouvante encore le seul souvenir de Béhanzin.

Pour humble que soit son allure, pour simple que soit son existence, ce bonhomme n'en a pas moins dans les veines le sang le plus noble du Dahomey, car la maison princière d'Allada, dont il est le chef édenté, a fourni des souverains à la plupart des peuples de la région. Nous l'avons gardé à cause de cela et malgré qu'il soit impuissant à nous prêter le moindre concours. C'est un objet historique et il ne fait pas beaucoup plus de tapage que s'il était dans un musée. Ses sujets oublient volontiers son existence quand il s'agit de lui payer la dîme fort modique qui constitue l'unique ressource de sa très maigre liste civile et, s'il veut se rappeler à leur souvenir, ils font mine de se révolter, les ingrats! Nous sommes obligés d'intervenir *manu militari* et d'arrêter les chefs de la mutinerie avec menace de brûler les villages rebelles.

Ce bon vieux Gi-Gla nous cause donc plus d'embarras qu'il ne nous rend de services, mais ce n'est pas sa faute.

Avec lui s'éteindra doucement une longue lignée de despotes farouches et cruels qui, pendant des siècles, firent couler des torrents de sang, amassèrent ruines sur ruines et jonchèrent le sol de cadavres. Il aura été la transition pacifique entre la barbarie et la civilisation, et cela marque d'une empreinte originale son insignifiante personnalité.

XXI

Des sentiers ombreux, frais et charmants conduisent à Ouidah, la ville si chère à Glé-Glé et à Béhanzin, qui fut leur seconde capitale leur centre politique et diplomatique, car c'était la résidence des Européens et le point de la côte où se faisait le plus important commerce d'esclaves. J'ai dit plus haut comment la guerre de 1893 naquit des incidents dont elle fut témoin.

Actuellement, elle est le chef-lieu d'un district annexé, par conséquent d'un territoire devenu français. Ce distric est peut-être de tous ceux que nous avons taillés dans l'ancien empire dahoméen celui qui se montre le plus disposé à l'assimilation. Nous devons nous en réjouir sincèrement, mais en constatant que le pittoresque et l'originalité s'enfuient à toutes jambes devant le flot bienfaisant de la civilisation qui emporte les vieilles coutumes et les croyances superstitieuses. Bientôt, on n'aura plus autre chose à dire de Ouidah que ce qu'en diront les dictionnaires géographiques : « Ville de dix mille habitants, composée de Nagots, de Fons et de quelques Brésiliens ; située par 6° 21' 15" de latitude nord et 0° 14' de longitude ouest de Paris sur le bord d'une vaste lagune de l'autre côté de laquelle est son port, Ouidah-Plage. Commerce assez important d'amandes de palme et de noix de Kola. Comptoirs français, anglais et allemands. Siège d'un arrondissement. Justice de paix. Marché couvert. Ecoles de filles et de garçons. On y remarque un fort, appartenant au Portugal. »

Cela n'empêche que Ouidah est, avec Porto-Novo et plus que Porto-Novo certainement, la seule ville ayant pour nous un intérêt historique, puisque le gouvernement français s'occupait d'elle sérieusement dès le dix-septième siècle et que l'établissement de nos nationaux sur ce point de la côte remonte à plus de trois cents ans, c'est-à-dire avant que les rois du Dahomey en eussent fait la conquête.

Les nations européennes qui avaient installé des comptoirs, non point pour exporter comme aujourd'hui des ponchons d'huile de palme, mais pour faire la traite et, grâce à elle, préparer inconsciemment dans certaines colonies des pépinières de citoyens et d'électeurs, ces nations construisirent des forts destinés à protéger leurs agents et leurs « marchandises » contre les attaques et les pillages.

Le fort portugais fut élevé vers 1620; il existe encore, mais bien transformé, et il a perdu complètement son air rébarbatif. Il ne possède pas de canons et l'on y cultive des roses exquises et enbaumées, parmi lesquelles la « Gloire de Dijon » étale ses grâces et répand son doux parfum. Le commandant de cette citadelle fleurie est un aimable homme qui entretient avec les autorités françaises des relations très amicales, organise volontiers des pique-niques et joue du piano en bon musicien. Les uniformes de ses quelques soldats égaient, par leurs vives couleurs, les rues un peu mornes de la vieille cité. Si vous me demandez pour quelles raisons le Portugal s'obstine à garder dans Ouidah, désormais nôtre, cette petite enclave inutile qui lui coûte assez cher et ne lui rapporte que des roses, je vous répondrai que ces raisons me sont inconnues et que, n'ayant pas l'accès des arcanes de la diplomatie, je ne peux aller y chercher l'explication d'un fait absurde en lui-même.

Le fort anglais n'a pas laissé de traces et depuis longtemps il a été vendu par le ministère compétent à une maison de commerce de Hambourg. Plus pratiques, bien que moins gais que les Portugais, ces bons Anglais !

Parlons un peu du fort français qui est aujourd'hui la résidence de l'administrateur et qui, sans avoir changé de titre, a subi, comme on pense, des modifications importantes.

C'est Colbert qui, en 1671, le fit construire

pour être mis à la disposition de la Compagnie des Indes Occidentales [1] qui voulait créer un entrepôt d'esclaves dont elle avait besoin pour assurer sa main-d'œuvre dans ses possessions Il fut bâti suivant toutes le règles de l'art, avec quatre bastions, fossés, pont-levis, etc..., et armé de nombreux canons. On y mit une garnison de soixante hommes. La « captiverie » (magasin à esclaves), était donc efficacement protégée. En 1783, la Compagnie des Indes Occidentales cessa de recruter des esclaves sur la côte d'Afrique, mais elle laissa dans le fort une petite garnison qui fut retirée en 1797 et remplacée par un simple concierge.

Les choses restèrent en cet état jusqu'en 1842, époque où le gouvernement français eut la très bonne idée de prêter le fort à la maison Régis, de Marseille, sous la condition qu'il serait entretenu par elle et qu'aucune transformation n'y serait exécutée [2]. Grâce à cette

---

[1]. Fondée en 1664.
[2]. On se rappelle qu'en 1868, un traité conclu avec le roi Glé-Glé nous garantissait la possession de ce fort (art. 9).

sage précaution, nous eûmes, au moment de la guerre, un quartier général excellent et qui nous rendit les plus grands services.

Toutes les relations de voyages mentionnent, comme la plus remarquable curiosité de Ouidah, le Temple des Serpents qui m'a semblé, en effet, curieux à un double titre : le monument n'est qu'une hutte, et je n'ai jamais pu y contempler un seul boa, messieurs les pythons ayant apparemment plus de goût pour la place publique où ils peuvent, en raison de leur qualité d'animaux divins, se promener et digérer au milieu du respect universel (le meurtre de l'un d'eux serait regardé comme un horrible sacrilège). Cette superstition, aussi innocente que ridicule et très vivace encore, est un legs du temps où *Gléhoué* (Ouidah) était la ville sainte, la Mecque du fétichisme.

Quoique fort puérile et parfois grossière en ses manifestations, la très vieille religion commune à toute la Guinée [1] ne laisse pas que

---

1. Le mot « fétiche » paraît venir du portugais *fetisso* (objet fée, enchanté), ou *feitiço*, mauvaise action.

d'être assez compliquée. C'est un alliage bizarre de spiritualisme et de matérialisme.

Ses adeptes croient en un Dieu créateur du monde, mais ils s'en forment une idée assez vague. Ils l'adorent dans ses œuvres — le ciel, les astres, la terre, l'eau, le feu, les montagnes, la nuit, le tonnerre, la foudre, — qu'ils divinisent, et dont ils ont fait un polythéisme dogmatique. Ils sont zoolâtres à l'instar des Égyptiens, qui avaient toute une faune sacrée, des Grecs qui adorèrent le serpent d'Epidaure, des Slaves qui honorèrent certains chevaux, des Syriens qui eurent des colombes divines et de nos ancêtres les Gaulois qui rendirent hommage au coq et au sanglier. Ils mettent au rang des dieux quelques rois et chefs célèbres et vouent un culte à de nombreux esprits ou génies, presque toujours malfaisants, dont on doit chercher à conjurer la colère.

Ils croient à l'immortalité de l'âme ; celle-ci doit, suivant eux, accomplir un long voyage *et traverser des lagunes moyennant un péage*, curieux rapprochement, n'est-il pas vrai, avec le mythe grec du Styx et du nocher Caron?

Mais quel est le but de ce long voyage? On ne s'en préoccupe pas beaucoup. Ce vers :

> Et je ne sais comment je vais je ne sais où,

peut résumer la doctrine nègre.

Dans cet au-delà très imprécis, l'inégalité des conditions sociales subsiste tout entière : le roi et le chef sont éternellement roi et chef, et l'esclave, indéfiniment, continuera à le servir. Dogme peu réconfortant pour les faibles et les malheureux.

En dehors des choses et des êtres regardés comme sacrés parce qu'ils sont une émanation directe de l'action de Dieu, il y a des objets devenus fétiches parce que le prêtre les a déclarés tels ; leur nombre est indéterminé, car tout peut devenir fétiche suivant la fantaisie du féticheur. Les grands arbres, rôniers, fromagers, etc., sont, pour la plupart, dans ce cas ; ils représentent les génies de la forêt et portent bonheur au voyageur qui se repose à l'abri de leurs branches puissantes et de leur épais feuillage. Leur signe distinctif est une frange de « paille fétiche » clouée à leur tronc Cette « paille fétiche » sert aussi à interdire l'accès d'un passage, d'un chemin; elle fait office, en ce cas, de l'écriteau « rue barrée ». Mais combien cette défense est mieux respectée ! Jamais un indigène ne volera quoi que ce soit qui aura été confié à la garde d'un arbre fétiche ou d'un morceau de frange de « paille fétiche ».

Outre les fétiches publics, il y a des fétiches privés, c'est-à-dire des « gris-gris » bénits par les féticheurs : petits morceaux de cuir, de fer, de bois, d'os, etc., qu'on porte au cou.

Le surnaturel a, sur les noirs, une action extraordinairement puissante. Rien ne peut donner une idée de la crédulité naïve de ces grands enfants en face des tours de passe-passe qu'on accomplit sous leurs yeux. Les revenants, les apparitions, leur causent une terreur extrême et on a beaucoup de peine à obliger un boy à aller faire une commission à neuf heures du soir : tout le long du chemin, il s'attend à voir surgir des diables ou des figures effrayantes.

On comprend quelle influence féticheurs et féticheuses ont pu prendre sur des gens à ce point épris de merveilleux et si disposés à accepter comme vraie magie ou enchantements authentiques des jongleries que mépriserait un prestidigitateur de foire.

La classe sacerdotale vit réunie en congrégation et forme une caste à peu près fermée, car les fonctions sont presque toujours héréditaires. Ces congrégations, ou *salams*, possèdent des écoles dans lesquelles on initie les futurs serviteurs des dieux aux mystères du culte. Il y aurait un chapitre intéressant à écrire sur l'organisation de ces salams d'hommes et de femmes, sur l'existence qu'on y mène et sur ce qui s'y passe. Mais cela m'entraînerait hors du cadre où je veux me maintenir. Quelques mots encore, cependant.

J'ai été très étonné, en étudiant le fétichisme, de rencontrer des légendes qui semblent, par une coïncidence singulière, être l'écho ou la déformation de récits classiques ou bibliques.

Écoutez cette explication de l'origine de la race blanche et de la race noire [1].

« Au début, les hommes étaient tous noirs et tous égaux. Ils se conduisirent si mal, se firent tellement la guerre, que le grand fétiche les tua tous, sauf deux frères qu'il laissa avec leurs femmes pour perpétuer la race. Un jour, pendant la saison sèche, les deux frères cherchaient en vain de l'eau pour se baigner, lorsque, tout à coup, une petite mare se forma devant eux. Elle contenait si peu, si peu d'eau, qu'ils durent s'y baigner l'un après l'autre. L'aîné y entra, et au fur et à mesure qu'il se baignait, il changea de couleur et devint blanc. Lorsqu'il en sortit, il invita son frère à venir faire également sa métamorphose. Mais l'eau avait presque disparu; il n'en restait qu'une si petite quantité que, lorsque le cadet y eut trempé la pointe des pieds et la paume des mains, la mare fut entièrement desséchée. Il

---

[1]. Les traductions de ces légendes sont dues à M. Edouard Foa.

resta donc tout noir, à l'exception des parties de son corps qui avaient touché l'eau. »

Même sujet :

« Quand Dieu, après avoir créé le monde, eut créé les blancs et les noirs, il leur ordonna de faire choix entre deux pays : celui où l'on récolte l'or et celui où l'on lit dans les livres. Les noirs choisirent le premier, croyant y être plus heureux, mais le Seigneur les punit de leur ambition en donnant aux blancs la force de gouverner les noirs. »

Voici maintenant le paradis perdu :

« Autrefois, le ciel était tout près de la terre, on n'avait qu'à la toucher légèrement et l'on avait tout ce qu'on voulait comme nourriture. Il suffisait de se baisser pour en ramasser, et l'on vivait heureux. Un jour, une femme capricieuse voulut piler du maïs ; c'était inutile, à cette époque, puisqu'on n'avait pas besoin de travailler pour manger à sa guise. L'espace lui manquant pour élever son pilon, elle dit au ciel : « Soulève-toi un peu », et le ciel obéit. Mais, loin d'être satisfaite, elle insista tellement, qu'il remonta où il est depuis. Quand on l'appelle maintenant, il n'entend plus et ne donne plus rien à manger. *Sans les femmes, tous les noirs seraient heureux; ils n'auraient pas à travailler aujourd'hui.* »

Enfin, voici l'histoire de la tour de Babel qui fait suite à la précédente :

« Les noirs voulurent atteindre quand même le ciel, malgré son éloignement. Dans ce but, ils entassèrent les uns sur les autres tous les mortiers à maïs qui existaient dans le pays. Quand ils furent tous superposés, il en manquait encore un pour toucher au but. Ne pouvant le trouver, on s'avisa de retirer le premier du dessous pour le porter au sommet. Mais, dès qu'on y toucha, toute la colonne s'effondra, enlevant la vie à tous ceux qui ne prirent pas la fuite à temps. Ceux qui s'étaient sauvés, dans leur frayeur, *se mirent à parler des langues nouvelles et incompréhensibles.* C'est pourquoi il y a tant d'idiomes aujourd'hui, au lieu d'un seul qui existait autrefois. »

Il y a encore, à Ouidah, un grand nombre de féticheurs et de féticheuses, mais combien assagis ! L'opportunisme, qui est le microbe destructeur des religions, a envahi cette caste tout entière. Sa foi se meurt, sa foi est morte. Les pontifes de cette mythologie ne sont plus que des charlatans sceptiques auxquels il suffit de dire un mot à l'oreille pour les faire vaticiner comme on veut.

Nous n'avons plus à redouter de leur part la plus petite velléité d'opposition, et s'il est très nécessaire de détruire leur influence, c'est moins parce qu'elle peut nous porter ombrage au point de vue politique, que parce qu'elle est un obstacle à la marche des esprits vers le progrès et maintient à un étiage inférieur le niveau moral.

Il y a lieu d'espérer que dans un avenir assez prochain, grâce aux efforts de l'administration, grâce surtout aux écoles des missions, les stupidités du fétichisme ne trouveront pas de cerveaux assez obtus pour leur donner accès. Le facteur le plus puissant de cette évolution sera certainement l'entrée en scène d'un élément jusque-là regardé comme une quantité négligeable : je veux parler de l'élément féminin. Les religieuses des missions africaines préparent avec patience et dévouement des mères de famille, des ménagères, qui seront pour les indigènes des êtres tout à fait nouveaux dont l'apparition bouleversera leurs antiques préjugés et fera s'écrouler toutes leurs notions sociales. C'est aussi sur la femme qu'il faudra compter pour combattre l'islamisme dont elle aura le plus grand intérêt à arrêter l'invasion.

A mon avis, l'instruction publique doit être, au Dahomey, dirigée d'une façon particulière : donner aux garçons des principes, sans trop s'attacher à leur inculquer des détails sur la Renaissance ou à leur faire scruter les articles de la paix d'Amiens; quant aux filles, leur apprendre tout ce qu'on peut, développer leur intelligence en même temps que leur adresse physique, tâcher de les rendre supérieures à l'homme, afin qu'elles prennent sur leurs maris une influence aussi grande que possible.

Nous avons bien le temps de faire de nos élèves mâles des *messieurs*; hâtons-nous, au contraire, de faire de nos élèves féminines autre chose que des bêtes de somme.

Si j'ai bien démêlé ce que j'ai vu, on a compris les choses ainsi, et cela m'a paru très bon. J'en suis ravi.

Ouidah est le champ d'expérience où se préparent ces essais si intéressants de culture intellectuelle et morale. N'y a-t-il pas quelque chose de piquant à constater qu'on a choisi, dans ce but, l'endroit où s'épanouissait tout récemment encore une floraison puissante de barbarie ?

L'Histoire se complaît souvent à pareils jeux, et souvent nous l'avons vue se divertir à tirer brusquement les peuples du chaos et des ténèbres pour les faire émerger en pleine lumière.

∴

On a soutenu que le nègre est un brun qui a eu le courage de son opinion. On a soutenu aussi que c'est un quadrumane qui a mis son drapeau dans sa poche pour se rallier à l'humanité.

Les indications, bien succintes et bien écourtées, que je viens de donner, les traits de mœurs que j'ai rapportés, auront suffi, j'espère, à prouver qu'il n'a mérité

Ni cet excès d'honneur ni cette indignité.

Un fait avéré, — et cela aussi j'ai tâché de le montrer, — c'est que les nations noires, livrées à elles-mêmes, sont incapables de progresser, témoin la République Haïtienne, qui est une bouffonnerie parfois sanguinaire, témoin la République de Liberia, dont la création beaucoup plus récente paraît avoir eu pour but d'étayer cet axiôme par un nouvel exemple.

Le sol de ce vaste pays est d'une admirable fécondité. Que savent en tirer les indigènes ? Tout au plus un peu de café à gros grains, mal cultivé, mal préparé. Monrovia, la capitale, est déjà toute décrépite, malgré sa jeunesse ; ses maisons, qu'on dirait atteintes de la lèpre, comme les habitants, tombent en ruine, et les rues, qui n'ont jamais été l'objet du moindre entretien, se sont, depuis longtemps, empressées de retourner à l'état sauvage. Quant au président de la République, il cumule ses hautes fonctions gouvernementales avec la profession d'épicier au détail ; c'est dans sa boutique très sale que les principaux citoyens du pays, accoudés sur un zinc douteux, échangent leurs vues politiques.

Ces tentatives, auxquelles n'ont fait défaut aucune condition de réussite, sont parfaitement concluantes : il ne saurait sortir du sein des races noires un personnel en redingote apte à discuter, à légiférer, à faire fonctionner, sans les casser aussitôt, les rouages parlementaires et démocratiques. Le destin a évidemment frappé d'imbécillité congénitale tous leurs efforts individuels. Mais peuvent-elles, dirigées par des blancs, s'améliorer assez pour coopérer utilement au bien général de l'humanité ?

C'est la question que nous nous sommes engagés à résoudre affirmativement le jour où nous sommes allés occuper le Dahomey et prendre charge de ses habitants.

Nous avons su organiser la victoire; il s'agit maintenant d'organiser la paix et de faire preuve des qualités coloniales que nous prétendons posséder et que nos rivaux nous contestent. « Ce n'est pas tout de tailler, mon fils, disait Catherine de Médicis à l'aimable Henri III, il faut recoudre ».

On en est encore aux débuts de l'entreprise, mais ils sont excellents; et tout porte à croire que, cette fois, nous sommes partis du bon pied.

FIN.

Tours et Mayenne, imprimeries E. Soudée.

Tours et Mayenne

Imprimeries E. Soudée.

www.ingramcontent.com/pod-product-compliance
Lightning Source LLC
Chambersburg PA
CBHW071139160426
43196CB00011B/1944